El impreso popular en los tiempos de J. G. Posada y del impresor A. Vanegas Arroyo

ホセ・グアダルーペ・ポサダの時代

十九世紀メキシコ大衆印刷物と版元バネガス＝アロヨ工房

長谷川ニナ【著】
八木啓代【編訳】

上智大学出版
Sophia University Press

まえがき

近年、日本でもハロウィンの習慣がポピュラーなものとなってきた。

もともと、ケルトの文化に端を発する米国での祝祭行事が、今や、十月に入ると、スーパーマーケットや商店や街路などにオレンジ色のカボチャや魔女のアイテムなどが飾られるようになり、関連商品や関連グッズも並べられる。

そんな中で、若い世代にとりわけ人気があるのが、メキシコに起源を持つ髑髏《どくろ》のモチーフであるようだ。

二〇一五年公開のボンド映画や二〇一七年のディズニーのアニメといった、いくつもの大ヒット映画などでも大々的に取り上げられたこともあり、この「メキシコの骸骨絵」は日本でもよく知られるようになってきた。

むろん、後に述べるようにメキシコの「死者の日」と米国のハロウィンは起源も伝統も風俗習慣もまったく別のものなのだが、時期がほぼ同じであることと、「死」をテーマにしたものであるがゆえに混同されやすくもあり、さらに、メキシコの「死者の日」は、日本の盆を思わせるものであることから、日本人には、受容しやすいものであるのかもしれない。

そのメキシコの死者の日の代表的なイメージとされる、華やかに着飾った貴族的な女性の髑髏絵の作者こそ、後に、メキシコ壁画運動をリードした国民的画家ディエゴ・リベラやホセ・クレメンテ・オロスコにも大きな影響を与え、近代メキシコ絵画の祖とも言われるホセ・グァダルーペ・ポサダである。

ポサダは、一八五二年、八人兄弟の六番目としてメキシコ中西部の都市アグアスカリエンテスに生まれた。そこで、政治風刺漫画を描き始め、その後、雇い主について行く形でグアナファト州レオンに移り住むが、今度は大洪水に被災し、メキシコシティに逃れることになった。こうして、一八八八年から一九一三年にかけてメキシコシティに滞在し、版画師として生計を立てていくことになる。

ここで、ポサダは、生涯に三万点とも言われるうちの多くの作品を制作するが、その大半が庶民の生活を描いた庶民向けの安価な印刷物だったこともあり、生前に芸術家として評価されることはなく、貧困のうちに六十一歳の生涯を終える。

このメキシコシティで、いくつかの雑誌や新聞のほか、ポサダがもっとも多くの作品を描いたのが、バネガス＝アロヨ工房であった。

一方、アントニオ・バネガス＝アロヨは、この庶民向け印刷物の版元として、一代で、それなりの成功を収めた人物だった。

彼は、版画師ポサダを筆頭に複数の版画家、多くの作家を抱え、オハ（hoja）と呼ばれる一枚絵の印刷物を大量に制作し、当時の流行を作ったのである。

しかも、それらは庶民向けの安価なものであったにもかかわらず、けっして卑猥や低俗に流れることはなく、むしろ丁重に、当時の庶民の生活や風俗や哀感を描いたものが多かった。そのため、これらの印刷物を見ていくだけで、当時の庶民の感性や暮らしぶり、価値観が鮮やかに浮かび上がる。

それは、まさに、植民地時代を終えて、共和制からフランスによる侵略と国土奪回、さらにメキシコ革命という、後の時代の視点で見れば、まさに激動の時代に振り回されつつ、庶民の日々のささやかな暮らしを懸命に生きる姿を、美しい挿絵と文章で軽妙に描いたものであり、同時に、同時代のヨーロッパと比較して、明らかに「メキシコ的」であると言える、強い個性を持ったものとなっている。

いわゆる「文学作品」の中で描かれる国民の姿が、どうしても「教養のある」中上流階級を描いたものであり、あるいはそこで描かれる庶民・貧困層の姿は「上から下を見た対象物」になってしまわざるを得ない中、この時代の、まさにメキシコ庶民による、庶民のための、庶民目線の印刷物が多量に残され、その暮らしぶり、喜怒哀楽、価値観といったものが、まざまざとわかるということは、驚くべきことであると言ってよい。

これらのオハの版元でありプロデューサーであったバネガス＝アロヨの工房は、現在も、メキシコシティのモレロス地区に往時の姿をとどめており、死者の日には、縁起物のようにポサダの髑髏絵のオハが街角で売られているが、とはいえ、創業者アントニオの生涯の多くは、長らく謎に包まれていた。それが、この数年で、彼の曾孫たちによって同家に長く保管されていた大量の資料が公開されたため、一気に研究が進んでいる。

本書では、私の長年の研究に加えて、それらの最新資料も採り入れ、当時のメキシコの文化、メキシコ人にとっての「死者の日」の成り立ち、さらにポサダとバネガス＝アロヨ工房の関係に光を当て、また、現存する印刷物に驚くほど生き生きと描かれた当時のメキシコ庶民の文化や哀感を読み解いていくものである。

目次

まえがき　1
第1章　ホセ・グァダルーペ・ポサダとは誰か　31
第2章　アントニオ・バネガス＝アロヨとは誰か　63
第3章　バネガス＝アロヨ工房と「カラベラ」　99
第4章　印刷物から見える十九世紀末のメキシコ市民像　161
第5章　十九世紀のメキシコシティの女性たち　209
第6章　バネガス＝アロヨ社の風刺劇と検閲

第7章　創業者アントニオ自身が作家だったのか？　239
第8章　児童文学から見える十九世紀の社会階級　273
あとがき　301
編訳者あとがき　306
図版一覧　309
略称一覧　315

第1章
ホセ・グァダルーペ・ポサダとは誰か

十月に入ると、デパートやスーパーマーケットの売り場にオレンジ色のデコレーションが目立つようになり、十月末日には渋谷などで仮装した若者たちの姿も珍しくなくなってきた。クリスマスやバレンタインデーのように、ハロウィンが日本でも定着してきたということだろう。

ハロウィンは、本来、ケルトの文化であったものがアメリカ合衆国で民間行事として定着したもので、カボチャをくりぬいたランタンを飾り、子供が魔女などに仮装して、家々を訪ねてお菓子をもらうという風習だ。

一方、混同されがちではあるが、メキシコの死者の日は、それとは似て非なるものである。毎年十一月一日と二日に祝われるディア・デ・ムエルトス（Día de Muertos）は、スペイン侵略以前の先住民文化に起源を持つ、メキシコではもっとも重要な祭日である。この日には死者の魂が現世に帰ってくると信じられ、それに備えて、家の中や街の公園・広場などにオフレンダと呼ばれる華やかな祭壇を作ってマリーゴールドの花や供物や蝋燭で美しく飾り、音楽や特別な食事で祝うのである。

二〇一五年のジェームズ・ボンド映画『007スペクター』では、冒頭にこのメキシコシティでの死者の日のシーンが描かれ、憲法広場で骸骨の扮装をした人々の仮装パレードの中、髑髏《どくろ》のマスクをつけたジェームズ・ボンドがアクション・シーンを繰り広げる（実際には、それまで死者の日に憲法広場でこのようなイベントが行われることはなかったのだが、この映画のヒットにより、これ以後、「死者の日の憲法広場での仮装パレード」が実施され、新たな観光名物となっている）。

二〇一七年に封切られ、世界的なヒットとなったピクサー製作のディズニー映画『リメンバー・ミー（原題 Coco）』でも、死者の国の人々は骸骨の姿で描かれ、死者の日にマリーゴールドの橋を渡って現世の家族に会いに来るものとして描かれている。

そのような、死者の日の骸骨たちの中で、もっとも象徴的に登場するのが、カトリーナと名付けられた骸骨の貴婦人だ。

メキシコの国民的画家ディエゴ・リベラによる大作壁画「アラメダ公園の日曜の午後の夢」の中でも、子供姿のリベラと妻フリーダ・カーロの横に描かれているカトリーナは、十九世紀風の華やかな羽根帽子を被り、優雅なドレスを着た骸骨の貴婦人である。二十一世紀の現在も、彼女の版画はこの日に飾られ、仮装のモデルとして、メキシコの死者の日のシンボルとして、切っても切れない存在だ。

そのもっとも有名なカトリーナの肖像とされる版画を描いたのが、十九世紀末から二十世紀初頭にかけて活躍したホセ・グァダルーペ・ポサダなのである。

二〇二三年、没後百十周年を迎えたポサダは、一九二五年に壁画運動の画家たちによって著名となったものの、意外にもつい最近まで、彼の生涯、思想や作品についての情報は正確さに欠けており、また政治的な思惑に影響されたこともあって、ある種の固定観念的なイメージに支配されていた。

すなわち、民衆の間から突然変異的に生まれた異端の大天才であり、メキシコの大衆的で革命的なアーティストであったかのように。

ポサダがすばらしい才能と技能を持った版画家であったことは、もちろん疑う余地はない。後に、大統領宮殿をはじめとする多くの壁画を描いたディエゴ・リベラも、若い頃に彼の工房の近くに住んでおり、その影響を受けたと語っている。その一方で、ポサダの代表作として知られ、死者の日の仮装のモデルとなっている「髑髏のカトリーナ」のオリジナル作品は、羽根帽子はかぶっているものの、胸から上だけの姿にすぎず、衣装は身につけていない。実を言えば、カトリーナという名前も、後世につけられたものであることがわかっている。

それでは、なぜ、この絵が「カトリーナ」になったのか。また、モデルは誰であったのか、どのような経緯でこの絵が誕生したのか。

まずは、ポサダは実際にはどのような人物であり、どのような時代を生き、どのような作品を作っていたのか。それを探っていこうと考える。

話を戻すと、「突然変異的に生まれた異端の大天才、メキシコの大衆的で革命的なアーティスト」——この従来のポサダ像を大胆に再構築したのが、二〇〇九年に発行されたラファエル・バラハス著『ポサダ——その様々な神話（*Posada: mito y mitote*）』だった。

ちなみに、このバラハス自身、メキシコでは多くの新聞や雑誌に寄稿している著名な風刺漫画家であり、イラストレーターである。

ここからの、ポサダの伝記的側面については、このバラハスの研究成果を紹介するとともに、ポサダについて信頼できる知識をもたらした歴史家アレハンドロ・トペテ＝デル＝バジェ、ヘスス・ゴメス＝セラノやマリアノ・ゴンサレス＝レアルの最新の研究、さらにポサダを知る上で間接的に参考になる二つの風刺画研究書、二〇〇〇年に発行されたバラハス著『風刺画で見る、ある国の歴史——政治闘争の風刺画　一八二九－一八七二（*La historia de un país en caricatura: la caricatura de combate 1829–1872*）』と二〇〇九年発行のファウスタ・ガントゥス著『風刺画と政治権力――メキシコ市における批判、検閲、弾圧　一八七六－一八八八（*Caricatura y poder político: Crítica, censura y represión en la ciudad de México, 1876–1888*）』等を参照しながら、ポサダとその時代の実像に迫っていこう。

■アグアスカリエンテスでの生活

ポサダは一八五二年二月二日、メキシコ中西部の都市アグアスカリエンテスのサン・マルコス地区（旧先住民地区[1]）で、八人兄弟の六番目として生まれたことが判明している。父親のヘルマンはパン作りの職人で、一八二一年からこの地区に移り住んでいた[2]。

ポサダ少年は小学校の教師であった三番目の兄ホセ・シリロ[3]から基礎的な教育を受けた後、地元の絵画学校で学長自身から授業を受ける機会に恵まれる[4]。

こうして一八六八年（十六歳頃）、トリニダー・ペドロサ石版工房の見習いに入り、一八七一年六月から八月にかけて、ゴメス＝ポルトガル知事の再選に反対するために創刊された政治風刺雑誌『エル・ヒコーテ（蜂の一種）』の専属風刺画家に抜擢された。

この時期のポサダの生活に関しては、歴史家トペテ＝デル＝バジェの、一九五七年出版の研究書が参考になる。というのも、以後、この時期に関しては、ほとんど研究されていないからだ。雑誌『エル・ヒコーテ』に関しては、一九九五年に出版されたアグアスカリエンテス自治大学教授の歴史家ゴメス＝セラノの詳細な解説があるので、これを参照することとする。『エル・ヒコーテ』は、アグアスカリエンテスの地元の歴史と深く関わっていた。

メキシコがスペインによる三百年の支配から独立したのは、一八一〇年から二一年までの独立戦争の成果だったが、その後、メキシコに領土的野心を持つアメリカ合衆国との間で起こった米墨戦争（一八四六－一八四八年）に負けて、テキサス、ニューメキシコ、カリフォルニアがアメリカに併合されるなど、混乱が続いた。

一八六四年には、メキシコ内部の王党派と結んだナポレオン三世の侵略により、オーストリア出身のマクシミリアーノ皇帝がメキシコを統治することになる（第二帝政）。

このことでメキシコはいったん独立を失ったが、その後、ベニート・フアレスを中心にした国土回復戦争が起こり、一八六七年、マクシミリアーノ皇帝が銃殺されると共に、フアレスが大統領の座に復帰した。同年、アグアスカリエンテス出身で侵略軍と戦った自由党（改革派）のゴメス＝ポルトガル将軍が単独候補として、アグアスカリエンテス州知事に無投票当選する。

しかし、当選からわずか一ヶ月で、彼と議会の間で、一八六八年の予算案をめぐって衝突が起こった。ゴメス＝ポルトガル新知事は、軍人としては優秀であったものの、派手好きで、政治家としての先見性に乏しく、本来の味方であった自由党支持者の地元の農園主たちから、重税を絞り立てようとしたのである。

この対立は印刷物にも反映する。一八六九年一月二十日、父親が国土回復戦争の英雄[5]であったソステネス・チャベスが自らの印刷工房を提供し、反知事派の農園主たちが州の著名人七百五十人連名の公開書簡を出すが、知事は一顧だにしなかった。これがさらに両者の関係をこじれさせる。

一年半後、大統領選挙と州知事選が行われることになった。

大統領選には、現大統領のベニート・フアレスとセバスティアン・レルド＝デ＝テハダ（以後レルドとする）、ポルフィリオ・ディアスが立候補した。この時点で、保守派（王制派）は実質的に壊滅していたため、三人とも、国土回復戦争では共に戦った自由党内での争いである。

このとき、ゴメス＝ポルトガルは、アグアスカリエンテス州知事として自らの再選をもくろむ一方、大統領選では、自分を支持してくれていた現大統領のベニート・フアレスを裏切り、レルドを不正な手段で勝たせようとする。

二十歳になるかならずかの若きポサダが風刺画家としてデビューしたのは、まさに、そのような時代だった。

ポサダ青年が雇われた『エル・ヒコーテ』では、この二つの選挙で起こったことを暴露し、知事を愚弄している。

前述の歴史家ゴメス＝セラノによる、この風刺画に関する解説を見てみよう。

『エル・ヒコーテ』1号は、この雑誌の創刊号であり、当時十九歳のポサダにとっての最初の風刺画である。工房主のトリニダー・ペドロサも反知事派だったので、自分の石版工房を、知事のネガティブ・キャンペーンのために用いたわけだ。そこに、ポサダが運命的に居合わせたのである。

この画には、ホメオパシー医師（当時はこのような同毒療法が非常に盛んだった）のファン・G・アルカサルが登場する。彼は、ゴメス＝ポルトガルの側近の下院議員であり、かつ、反知事派を貶《おとし》めるために発行し始めた風刺紙『ラ・ヘリンガ（注射器の意味）』の責任者でもあった。この人物がロバに乗り、後ろには彼が市民病院を任されていた頃の無能さを示す墓がある。彼は自分のロバを刺した蜂を追い払おうとしているが、この蜂こそが他ならぬ『エル・ヒコーテ』である[6]（図1）。

『エル・ヒコーテ』2号は、ゴメス＝ポルトガルがファレスの再選を応援しているように見せかけていな

EL JICOTE,
Nº 1.
—Nos alcanzaron, doctor. —¡Sí, y ni rebuznar puedo ahora, compañero!

図1　『El Jicote No.1』

がら、彼を後ろから蹴飛ばし、対立候補のレルドを権力の座を表す椅子に座らせようとしているという本音を暴いている。この風刺画は知事を激怒させただろう。なぜなら、ポケットに酒瓶を入れ、彼がアルコール中毒であることも示唆しているからだ。ここに描かれているオウムは彼の右腕のアグスティン・R・ゴンサレスである（この人物の渾名《あだな》が「オウム」だった[7]）（図2）。

『エル・ヒコーテ』3号は、ゴメス＝ポルトガルが現州知事としての権力を濫用して、買収や反対派への投票妨害を行うであろうことを示唆している。奥にはレルドと「オウム」の肖像画がある[8]（図3）。

『エル・ヒコーテ』4号は、知事派の大物の一人マヌエル・コロナが、これから投票しようとしている人の髪

図2　『El Jicote No.2』

図3　『El Jicote No.3』

を掴み、レルドの胸像を指さし、投票を強要しているところを描いている。もっとも笑いを誘うのは、この、たった一人の投票者のために四人もの警官を動員していることである[9]（図4）。

『エル・ヒコーテ』5号では、知事派の人々が必死になって政治権力争いの象徴である油を塗った棒を上ろうとしている。左側には「オウム」が見える。注目すべき点は、その発行日（七月十日）が大統領選挙の日で、ファアレス、レルド、ディアスの三つ巴の接戦が予想されていたということだ。結果的にはファアレスが勝ったのであるが、ゴメス＝ポルトガルは密かにレルドに肩入れしていたため、すぐにその結果を公表しなかったのである[10]（図5）。

『エル・ヒコーテ』6号は、七月十六日に出る予定だったが、発行延期になった。というのも、ゴメス＝ポルトガル知事が、この雑誌の発行者がペドロサではなく、以前、州の著名人七百五十人連名の公開書簡を印刷したソステネス・チャベスの工房だと勘違いして、彼を逮捕しようとしたためである。すなわち知事選が近づいていたので、『エル・ヒコーテ』が発行され続けることに危機感を抱いていたのだ。

幸い、ソステネス逮捕前に、地裁の裁判官が彼の勾留請求を却下したため、ポサダが一週間後の七月二十三日発行の第6号の風刺画で、この顛末をネタにしたのである。この風刺画では、二人の知事側近が奇妙な形の大砲を担ぎ、トリニダー・ペドロサが出版法を盾にして身を守ろうとしている。壁の後ろにはソステネス・チャベスが隠れている[11]（図6）。

図4 『El Jicote No.4』

図5 『El Jicote No.5』

図6 『El Jicote No.6』

『エル・ヒコーテ』7号では、一八七一年八月三日に予定されていた知事選挙をテーマにしている。ゴメス＝ポルトガル現知事の対立候補は、反知事派の農園主の一人カルロス・バロンであった。この期に及んで、現知事一派（「オウム」とマヌエル・カルドナ）は、雲行きが悪いと見て取って、知事を見放し始めた。にもかかわらず、ポサダの筆では、まだゴメス＝ポルトガル知事は二人のおべっか使いに偉そうにかしずかれている[12]（図7）。

『エル・ヒコーテ』8号では、ゴメス＝ポルトガル知事の「病気」により、知事選が延期されることになったことを扱っている。実際には、すでに選挙不正が明るみに出て、勝つ見込みがなくなっていたためであった。多くの支援者は刑務所に入れられ、しかも、大統領に再選されたファレスからは裏切り者と見なされていた。州議会は彼の病気休暇を認めたものの、知事代理として反知事派の、イグナシオ・T・チャベス医師（ソステネス・チャベスとの間に血縁関係はない）を任命した。すなわち、ゴメス＝ポルトガルは完全に孤立させられたのである。この風刺画では、かつて仲間だった政治家たちが、

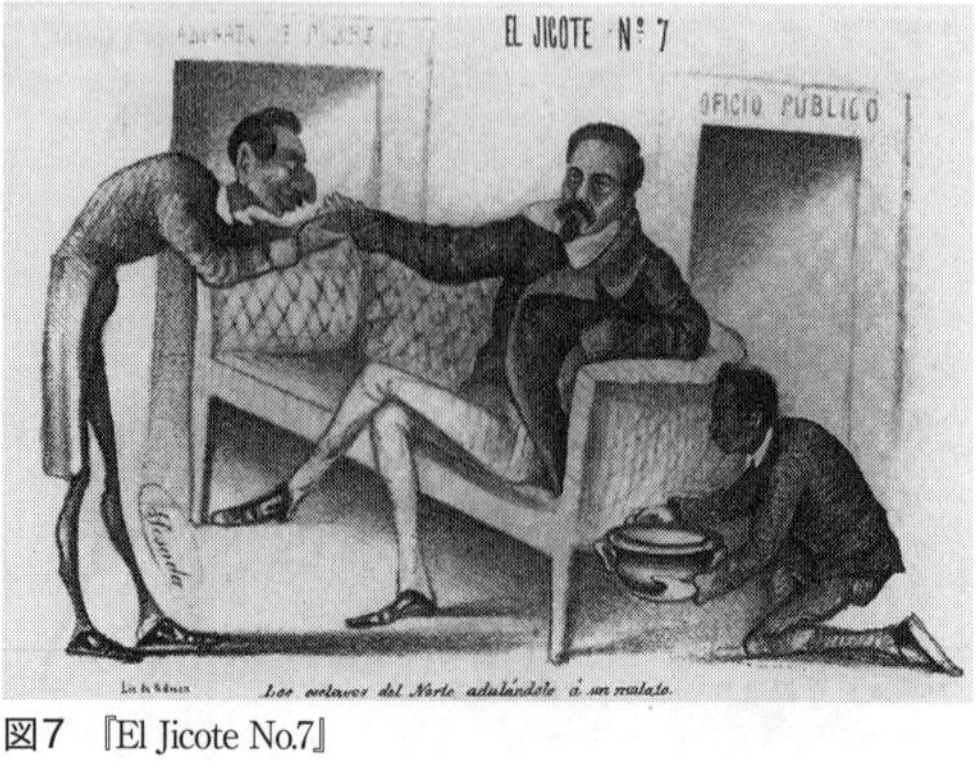

図7 『El Jicote No.7』

皆、彼を裏切り、「宙返りをして、うまく着地しようとしている」ことをポサダは暗示している[13]（図8）。

さて、政治に話を戻す。イグナシオ・T・チャベス医師は形式的な知事代理ではなかったことは、すぐに明らかになった。その証拠に、ゴメス＝ポルトガル知事が押しつけた税制を崩すために、彼はすみやかに特別な権限を発動し、さらに地方選挙の日時を八月二十日に設定した。この選挙は穏やかに行われ、反知事派のカルロス・バロンが九十三％の圧倒的得票で知事に当選する。

ポサダは、『エル・ヒコーテ』10号で、この新しい政府の誕生を描いた。左側には目隠しをして揺りかごを揺らしている正義の女神（正義の女神が目隠しをしているのは、不正がない証拠を意味する）がおり、右側では、ソラナ地方判事が墓石でゴメス＝ポルトガル一派を潰している。満足そうにそれを見て

図8　『El Jicote No.8』

いる墓掘人は民衆を象徴している[14]（図9）。

『エル・ヒコーテ』11号の最後の風刺画では、先の地方選挙で票を操作するために投票所の机に割り込もうとした数人の知事派を、人々が引きずり下ろしている場面である。今までの不正なやり方が一掃されたことを示しているのである[15]（図10）。

これらのことから、アグアスカリエンテス時代のポサダの生活について、以下のことがわかる。

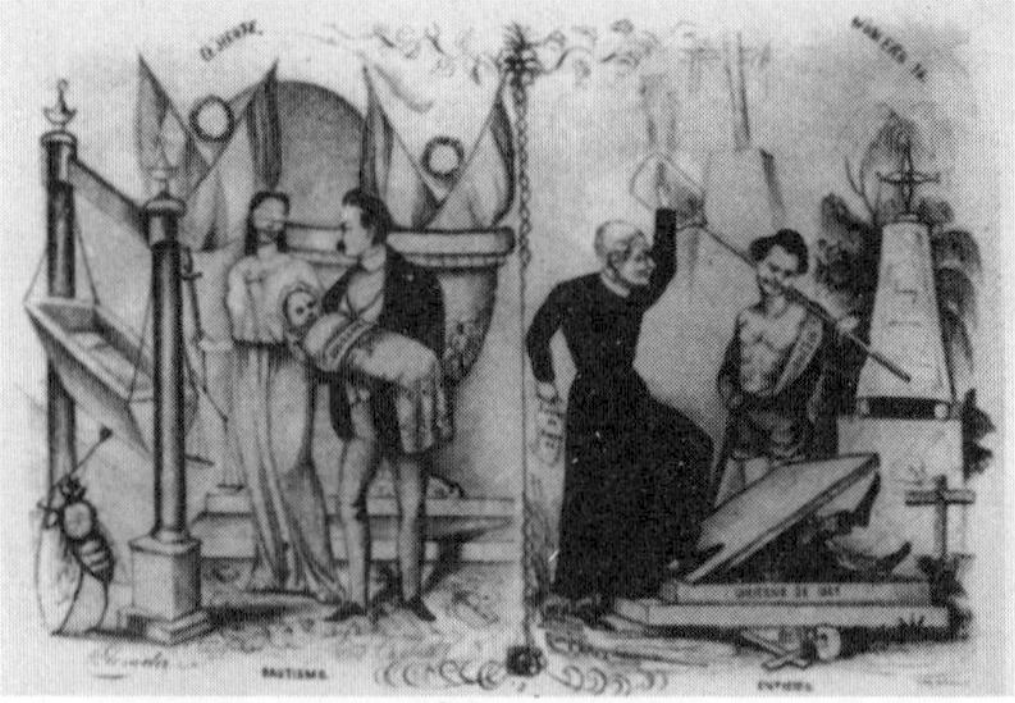

図9 『El Jicote No.10』

図10 『El Jicote No.11』

第一に、若き日のポサダの周囲にいた人々は、外国の侵略や独裁政権に反対するリベラルな共和国派、連邦主義者たちだったということ。

第二に、ポサダは、若い時期に、第一線の版画家から高度な版画技法を学んでいたということ。

第三に、彼や彼の兄が参加した教育システムは、カトリック教会の支配下から一線を引いた教育を根付かせようとした共和国の努力の結実だったこと。

そして、第四に、ポサダが生まれ育った地区は旧先住民地区だったということだ。

■レオンでの生活

現在、メキシコの靴産業の中心として知られるグァナフアト州レオンでの、ポサダの生活は一八七二年に始まる。彼の雇い主のペドロサがアグアスカリエンテスを離れ、レオン市で新たに印刷工房を開くために、二十歳になったポサダを連れて行ったのである[16]。ポサダがレオンに移る二ヶ月前に、父親は病死していた[17]。そして、ポサダはそこで、新たな家族を持ったことがわかっている。彼は一八七五年、二十三歳で、十六歳の若い娘マリア・デ・ヘスス・ベラと結婚し[18]、一八八二年、息子のファン・サビノ・ポサダ＝ベラが誕生する。

レオンの写真スタジオで撮影されたと思われる一枚とメキシコシティの彼の工房の前で撮影

された一枚の、計二枚しか遺されていないポサダの写真に映っているのが、彼と息子のファンと思われる[19]（写1・写2）。

家庭を持ったポサダはレオンで安定した仕事を展開させた。レオンに来た二年後、ペドロサはアグアスカリエンテスに帰るために、工房をポサダに売ったのである。「最低限のものがそろっている」程度の小さな工房だったとはいえ、ポサダはついに事業主となる。

一八八四年には、ポサダは宗教版画や挿絵、煙草や葉巻の箱などのデザインだけではなく、レオン市の公立中学で石版画を教えるようになっていた。これは一八八四年一月十五日から一八八八年一月二十日という記録が残っている[20]。

写1　ポサダと息子のファン、レオンで撮影されたと思われるもの

写2　メキシコシティの自分の工房の前にたたずむポサダ（右）

数多くの証言によれば、彼の生活は一生を通じてつつましいものだった。とはいえ、この時期のポサダの生活はその中でもっとも落ち着いたものであったと言えるだろう。

ポサダのレオン時代に関しては、ゴンサレス＝レアルが一九七一年に出版した、短いが貴重な研究論文『ホセ・グァダルーペ・ポサダのレオンでの仕事（*La producción leonesa de José Guadalupe Posada*）』に詳しい。

そこから、レオン時代のポサダについての、以下のことがわかる。

第一に、この時期の作品で、ゴンサレス＝レアルが見つけることができたのは、わずか二十四枚だけだったが、実際には、ポサダの作品は膨大にあったと考えられる。一方、風刺漫画家であり研究者でもあるバラハスは、これらの残存作品から、この時期のポサダは政治風刺ではなく、挿絵入りの新聞を主な仕事にしていたことを指摘している。

第二に、ポサダは一八八四年に中学校で教師の職に就くことで、当時、政治家であり教育者であったガビーノ・バレラが広めた実証主義的な思想に触れた。

第三に、Ｔｈ・Ｈ・バローの『啓蒙修身要訓（*Livre de Morale Pratique*）』のスペイン語版の挿絵を任されたことを通じて、当時のヨーロッパの版画作品を知ったであろうということだ。

一方、ささやかながらも穏やかだったポサダの暮らしとは裏腹に、この時期、メキシコ国内は揺れ動いていた。フアレスは一八七一年の三つ巴の大統領選挙で再選されたものの、その翌年にあっけなく急死してしまったため、あのレルドが大統領に就任した。さらに一八七六年にレルドもまた再選を企てようとする。これに反対して、国土回復戦争の英雄の一人、ポルフィリオ・ディアスが蜂起し、首都メキシコシティを陥落させた。そして、ディアスはその軍事力を背景に、翌年の大統領選挙で当選し、大統領に就任していたのである。

後に言う、ディアス独裁が始まろうとしていた。

■風刺画家としてのポサダ

レオンで落ち着いた生活を営んでいたポサダだったが、しかし、この安定した生活は、レオンの大洪水により、すべてが失われる。

それは、いまだにカタストロフとして語り継がれている大災害だった。一八八八年六月十八日の午後から吹き荒れた暴風雨が、深夜に堤防を決壊させ、水がレオン市のすべてをなぎ払ったのだ。

この洪水で家も工房もすべてを失ったポサダは仕事を求めて、メキシコシティに移住することになる。

このあたりの詳細については、バラハスが著作『ポサダ――その様々な神話（*Posada: mito y*

mitote)』で発表した新しい発見や、綿密に整理された信憑性のあるデータに基づき、次のようなことがわかる。

メキシコシティに着くと、ポサダは雑誌『ラ・パトリア・イルストラーダ（*La Patria Ilustrada*)』のために挿絵を描くようになった。この雑誌は週刊で、オーストリアのマクシミリアーノ皇帝銃殺の後、自由党内部で権力争いがあった時代に、二人の筋金入りのポルフィリオ・ディアス主義者（ホセ・マリア・ビジャサナとイリネオ・パス）によって発行されていた。ビジャサナは有名な政治雑誌『ラ・オルケスタ（*La Orquesta*)』の政治風刺画家でもあり、ポサダが彼と仕事をする機会を得たのは、彼の絵画のプロとしての技量を極める点で幸運だった。

こうしてポサダは、一八九〇年頃、元々住んでいたセラダ・デ・サンタ・テレサ通り二番地に小さな彼自身の印刷工房を開き、翌一八九一年、バネガス＝アロヨ工房と仕事の契約を結ぶ。このバネガス＝アロヨ工房こそ、今に残るもっとも数多くのポサダの版画作品を出版・頒布した出版社であり、両者の関係はポサダが死ぬまで続くことになる。

すなわち、バネガス＝アロヨ工房を知ることが、ポサダを知ることにもなるのである。

しかし、まずその前に、ポサダの風刺画家としての側面を見ていこう。メキシコシティ到着後のポサダの当時の環境はどのようなものであったのだろうか。

一九五三年にグラフィック・アーティストのレオポルド・メンデス（一九〇二－一九六九）が、この時期のポサダを想像して描いた有名な版画がある。一八九二年のディアス政権の庶民への弾圧に憤慨するポサダの姿を描いたもので、恰幅のいいポサダが、工房の窓越しにデモを弾圧する官憲に鋭い視線を向けているというものだ（図11）。

この作品は大変強い印象を残すもので、後のポサダに対する見方に大きな影響を与えた。

しかしながら、バラハスは、この絵からは想像もできなかった事実を明らかにしている。実際のポサダはこの一八九二年には、むしろ、ディアス再選に反対するデモ参加者をなだめる側にいたのだ。というのも、バネガス＝アロヨが発行した、この事件に関する新聞の中に、大群衆の中で車の屋根に乗って手を広げている男の姿を描いた一枚

図11　「ポサダへのオマージュ」

の絵がある（図12）。

　この人物は一見、群衆を煽っているように見えるが、添付の文章を読めば、事実はそうではなく、民衆をなだめていることがはっきりと書かれている。そして、この人物こそ、当時のポサダの雇い主の一人で印刷業者のアウレリオ・レジェスなのである。

　同じ一八九二年、ポサダはフランシスコ・モンテス＝デ＝オカの仕事も得ている。彼は大衆向けの政治風刺画を手頃な価格で製作し販売していた。また、前述のアウレリオ・レジェスの『エル・ファンダンゴ（*El Fandango*）』や『エル・ペリキージョ（*El Periquillo*）』のような労働者階級向けの多くの小冊子にもイラストを描いていた。

　その他、『エル・ディアブリート・ロホ（*El Diablito Rojo*）』、『ラ・グァカマヤ（*La Guacamaya*）』、『エル・ペリキージョ・サルニエント（*El Periquillo Sarniento*）』

図12「学生デモ」

などをはじめとする数多くの小冊子にも描いている。

　ここでバラハスによって、それまであまり顧みられてこなかった風刺画家としてのポサダの側面が徹底的に検証されたのは画期的なことで、ポサダを広く理解する上で極めて参考になる。あくまで、風刺画家としての側面に限定しての話ではあるが、従来のポサダに関する定説の何が正しく、何がそうでないかを厳密に考証した上で、当時の政治風刺雑誌の製作者は誰か、挿絵画家はどういう人たちか、購入層・非購買層はどういう人たちだったのか、資金はどういったものだったか、というような点についてまで詳細に言及しているからだ。

　それらの労働者階級向け雑誌の製作者たちは「資産階級に属しないフリーの記者たちで、その編集室は小さなものだった。記者と編集者が兼任であることも珍しいことではなかった」[21]。そして、ポサダや、後に言及するマヌエル・マニージャのような庶民階級の版画家がそこに挿絵を描き、その購買層は、政治性のない職能組合に属するような職人や労働者で、カトリック系のグループの労働者は購買層ではなかった（ポサダは政教分離主義者だった）。そして、資金は製作者自身が低コストを常に求めながら運用していたのだ。


　ポサダのメキシコシティ時代、彼の主要な仕事先は、前述のバネガス＝アロヨ工房だったとはいえ、前述のようにそこだけに依存していたわけではなかった。

バラハスは、ポサダが「一九〇〇年から一九一〇年にかけて、メキシコシティで、風刺画で食べていける数少ないプロ作家であった」[22]とまで断定している。すなわち、版画家としてのポサダの収入源は、従来考えられていたよりも、多岐にわたっていたのである。

とはいえ、一九〇〇年にポサダは十七歳の一人息子ファンを失い、その後、妻も彼を見捨てて出奔する。以後、ポサダは独り身を通した。メキシコシティで、多くの仕事には恵まれ、数多くの作品を精力的に残しながらも、レオン時代に築いた家庭を失い、最後は無縁墓地に葬られることになるのだから、彼の心中はいかばかりだったろうか。

では、ディアス独裁時代の、風刺画家としてのポサダの仕事はどのようなものであったのか。

メキシコでは一九一〇年から革命の嵐が吹き荒れた。

これは、フランシスコ・マデロを中心とした自由主義者たちが、独裁者ポルフィリオ・ディアスを打倒するために始まった革命である。

メキシコで革命と言えば、このメキシコ革命を指すものであり、「革命的である」ということは、革命後に政権を取った政治体制によって評価されるということだった。すなわち、「ポサダが独創的で革命的なアーティストであった」とする見解は、このポサダのイメージを損なうような不都合なデータについて、今まであまり触れられてこなかったからとも言える。

しかし、メキシコシティに到着したポサダが最初に得た仕事が、ディアス支持者の雑誌であったことは無視できない。

とはいえ、バラハスも、ポサダ自身がディアス支持者で、その独裁を肯定していたと言っているわけではない。当時の労働者階級向けの政治風刺新聞のほぼすべてが、政権批判的なものではなかったし、むしろ、そうであったからこそ、ディアス政権下でも、これらの印刷物の発行が許可されていたとも言える。

さらに、時代背景を考えれば、ディアスは独裁者であったとはいえ、マクシミリアーノ帝政時代のフランス支配を終わらせた国土回復戦争の英雄の一人であり、軍事力を背景に当時のメキシコにある種の平和と経済発展をもたらした人物だった。

歴史の評価というものは時代によって変わる。

当時のディアスに対しての多くの人々の点の甘さ、とりわけ、ディアス政権初期の熱狂的とも言える彼への支持は、それはそれで誠実なものであり、バラハス自身、「当時の（親ディアス的な）印刷物が、政府の金銭的援助を受けていたとまでは考えられない」[23]としている。

いずれにしても、ポサダのイラスト作品は、彼自身の考え方を如実に表していることは明らかだ。彼は、常に、自分の思想と合った出版者と仕事をし、描く内容に関しては誠実であった。たとえば、ポサダは、搾取者やその配下を心ない残酷な人々として描き、被搾取者は運に見放された不遇な人々であると描く。また、農園監督や手配師の非道さを描き、外国の侵略を許容する人々を売国奴として描いた。教会関係者については、きれい事ばかりではないものとして描き、ディアス周辺の政治家についてはゴマスリ屋として描いている。

一方で、彼は、フアレスとその共和主義的価値観について高く評価し、社会の秩序を乱す運動家を無責任な輩《やから》として見るところがあった。

その結果、後にメキシコ革命の理論的指導者となるフランシスコ・マデロや彼が代表するディアス再選反対運動については懐疑的で、マデロ個人については、あまりよい感情を持っていなかった節さえあるので、彼が反ディアスの革命派だったとまで主張するのは無理がある。

とはいえ、ディアスが記者たちを逮捕拘留した際には、表現の自由を害するものとして彼を批判し、中でも、ディアスが一八五七年憲法を踏みにじっていったことに関しては、出版の自由を謳った憲法七条を美しい花嫁の姿で描き、ディアスを、結婚前には紳士的であるふりをしながら、結婚後に妻を虐待するひどい夫として描いている（図13）。

そういった意味では、間違いなく、ポサダは、表現の自由を愛し、庶民の側に立つ画家だったことは確かなのだ。

いずれにせよ、この数十年、ポサダの作品は、常に、文脈から離れて挿画だけで紹介されてきた。しかしながら、ポサダの作品のほぼすべては、単独の出版物ではなく、文章に付けられた挿絵であったことを忘れるべきではない。

であるからこそ、ポサダ作品の評価は、今までなんとなく作られてきた曖昧なイメージで語られるべきではなく、より広いメキシコ出版史の枠組みの中で正当に評価されるべきだろう。

そういった意味で、改めて、死後百十年を経て、彼の作品の真価について、そして、彼の生きた時代について、そして、カトリーナがいかにして生まれたか、これからゆっくり見ていくことにしよう。

図13 「不幸な結婚」

参考文献

Barajas, Rafael (El Fisgón), *Posada: mito y mitote: La caricatura política de José Guadalupe Posada y Manuel Alfonso Manilla*, Fondo de Cultura Económica, México, 2009.

Carrillo Azpeitia, Rafael, *Posada y el grabado mexicano*, Panorama, México, 1991.

Gómez Serrano, Jesús, *José Guadalupe Posada: testigo y crítico de su tiempo, 1866-1876*, UAA/Secretaría de Educación Pública, Aguascalientes, 1995.

Gómez Serrano, Jesús, "El pueblo de San Marcos y la Villa de Aguascalientes, 1622-1834", in Felipe Castro Gutiérrez (coord.), *Los indios y las ciudades de la Nueva España*, UNAM, Instituto de Investigaciones Históricas, México, 2010, pp. 141-171.

González Leal, Mariano, *La producción leonesa de José Guadalupe Posada*, Lito Offset Lumen, México, 1971.

Topete del Valle, Alejandro, *José Guadalupe Posada: prócer de la gráfica popular mexicana*, Edición del Seminario de Cultura Mexicana, México, 1957.

【注】

1　Topete del Valle, 5頁と9頁を参照。なお、Gómez Serranoの論文"El pueblo de San Marcos y la Villa de Aguascalientes, 1622-1834"によると、旧先住民地区については、以下のことが判明している。「サン・マルコス地区は十七世紀初頭、ノチストラン、テオカルティチェ、ハルパのような村から来た先住民が、アグアスカリエンテスの町外れに家を造って定住し、作られた。このサン・マルコス地区が最初に統計に現れるのは一六二二年であり、その後すぐ、当時の統治者が先住民の村として認定し、彼らの共有地として許可された。独立後、その時点でアグアスカリエンテスが属していたサカテカス州の議会で、共有地は居住者に分配されるよう命じられた。この宣言の下、先住民たちは分配されたそれぞれの土地を一八二六年から一八三四年にかけて、アグアスカリエンテスの住民に売却した。こうして先住民地区は消滅し、町の一地区となった。

2 Topete del Valle, 5頁によると、ポサダの父、ヘルマンは一八二一年に生地Real y Minas de Nuestra Señora de Belén de los Asientos de Ibarraを去り、アグアスカリエンテスの先住民地区に住み着いた。

3 同右、10頁。

4 Academia Municipal de Artes y Oficios学長のアントニオ・バレーラを指す。同右、同頁。

5 José María Chávezは知事在職中の一八六四年四月五日、フランス軍に射殺された。同右、11頁を参照。

6 Gómez Serrano, 1995, 87頁を参照。

7 同右、90頁を参照。

8 同右、92頁を参照。

9 同右、94頁を参照。

10 同右、95頁を参照。

11 同右、100頁を参照。

12　同右、102頁を参照。
13　同右、105頁を参照。
14　同右、113頁を参照。
15　同右、116頁を参照。
16　Harry Ransom Center, The University of Texas at Austin, José Guadalupe Posada Biographical Sketch による <https://norman.hrc.utexas.edu/fasearch/findingAid.cfm?eadid=00799>［最終閲覧 May 15, 2023］
17　一八七一年九月十六日のことである。Topete del Valle, 前掲書、12頁。
18　Harry Ransom Center 同リンクを参照。
19　Gómez Serrano, 前掲書、187頁を参照。
20　カリージョの著書23頁では、以下のように記載されている。「私は、一九六二年に中等師範学校、現在のレオン高等学校の資料保管庫で、調査をすることができた。ポサダは中学校の教師として、一八八三年四月四日から石版印刷を教え、同年四月から十月までの間、百三十五ペソが支払われ、また工房の必要としていた補償費として五十ペソが支払われていた。ポサダは「実践的な」石版の先生であり、一八八四年まで隔週で八ペソ九センタボ、すなわち月給にして十五ペソが、休暇期間は無給という条件で支払われていた」。また、ポサダの仕事に関しては、カリージョは、「一九六二年にグァナファト州レオンで得た情報によると、当時、九十歳で、ポサダの生徒であったエンリケ・O・アランダ氏は、彼は石を準備し、中性石けんと精製した油と、不純物のない蝋とセラックと黒煤で石版鉛筆を作り上げることを教えてくれた」（同書、15頁）とも付け加えている。

21 Barajas, p. 206.
22 同右、同頁。
23 同右、219頁。

第2章 アントニオ・バネガス＝アロヨとは誰か

前章で述べたように、ホセ・グァダルーペ・ポサダは、生誕の地アグアスカリエンテスで風刺雑誌の挿絵を手がけたが、その後、師についてレオンに移り、師の印刷工房を譲り受けてからは、政治とは一線を画して石版画師として多くの商業的な印刷物を作成しつつ、穏やかな暮らしをしていた。

ところが、レオンを襲った大災害で工房も家も失い、メキシコシティに逃れて、そこでふたたび政治雑誌や風刺新聞などの仕事を請け負うことになる。現在に知られる版画家ポサダの誕生である。

ポサダが亡くなるまでの間、もっとも数多くのポサダの版画作品を出版し、係累のなかったポサダの死後、その多くの原版を受け継いだのが、現在もメキシコシティのモレロス地区に現存するバネガス＝アロヨ工房だった。

同工房は、二十世紀の初頭まで、オハ・スエルタ（以下、オハと呼ぶ）と呼ばれる二十cm×三十cmサイズの一枚刷りの安価な庶民向け印刷物を数多く発行し、庶民に多大な人気を博していた。ポサダはそこの看板絵師となったのである。

これらのオハの主体は文章で、世を風刺したり、ニュースや世相を伝えたり、あるいは戯曲や物語や流行歌を記したものであったが、それらを美しく彩ったのが、まさにポサダを中心とした夥《おびただ》しい版画絵であった。そして同工房は、このような一枚物のオハの他に、オハには入り切らない子供向けの物語や、サーカスなどで演じるコミカルな小演劇の台本を載せた、十cm×十五cmサイズで本文八頁の小冊子も制作した。

現存するポサダの作品の大半は、これらのオハや小冊子のために描かれたものであり、その意味で、ポサダとバネガス＝アロヨ工房は切っても切れない間柄だったと言ってもよい。

そして、特筆すべきなのは、それらは、安価な印刷物ではあったが、けっして低俗なものではなかったということだ。アントニオは、『青ひげ』のようなヨーロッパの有名な物語を、そのまま翻訳出版して一山当てようとは考えなかった。むしろ、もっとも点の辛い大衆の嗜好を満足させるに足るオリジナルの原作の書き手を求めたのだ。

安易や低俗に陥ることなく、オリジナリティのある物語と美しい挿絵を、庶民に手の届く価格で届ける。それが、バネガス＝アロヨ工房の出版物だった。そして、その安価な印刷物の出版で高い収益を上げるという、難事業を実現したのが、アントニオ・バネガス＝アロヨという傑物であり（写1）、彼がいたからこそ、膨大な数のポサダの作品が今も世に残り、現在もメキシコを代表する版画家として評価される足場をつくったのだと言える。

アントニオは、一代でメキシコ大衆文化に大きな足跡を残し、一九一七年に没したが、にもかかわらず、ごく最近まで、彼や彼の工房についての研究らしい研究は存在していなかった。ホセ・グァダルーペ・ポサダの作品の単なる版元として、長い間、ごく付随的にしか扱われてこなかったのだ。

写1　Antonio Vanegas Arroyo

アントニオに再評価の光が当てられるようになったきっかけは、彼の曾孫に当たるアンヘル・セデーニョ＝バネガス（一九五八－二〇一九）とその伯父アルサシオ・バネガス＝アロヨ（一九二二－二〇〇二）が、一九八〇年に同工房が創立百周年を迎えるにあたって、メキシコ政府の文化当局に対して、曾祖父の業績に焦点を当てるべく働きかけたことで、ようやく始まる。

その努力は、この二人が再刷した版画作品の展示が一九七七年に行われるなどの形で、ある程度の実を結び、一九七九年の米国国会図書館、一九八〇年のメキシコ国立芸術院での二つの回顧展につながった。両回顧展は共にポサダの名を冠したものではあったが、その展示内容によって、アントニオ・バネガス＝アロヨの存在にも焦点を当てるという彼らの目的が、間接的に達せられたのだ。

そして、曾孫アンヘルの手で、アントニオの最初の伝記『アントニオ・バネガス＝アロヨ——ある版元の歩み（一八八〇－一九〇一）（*Antonio Vanegas Arroyo, Andanzas de un editor popular*（1880-1901））』が上梓されたのが、彼の没後百年目に当たる二〇一七年のことだった。

同書には、バネガス＝アロヨ家において百年もの間、アルサシオの二人の姉妹（イルマとホアキナ）、その甥たち（アンヘルとホセ・ラウル）によって保管されてきた貴重な資料が収められている。

親族の手によって、それまで門外不出とされてきた資料が初めて世に出たことは、大変な成果だった。同書が工房設立の一八八〇年から前半期の二十年のみを対象としていることから、後半期の出版も示唆されていたが、アンヘルが惜しむらくも二〇一九年に逝去してしまったため、この未完となっている後半部分に関しては、いずれ共同研究者であるディアス＝フレネの手で世に出されることに期待したい。

さらに同年、バネガス＝アロヨの没後百年を記念して誕生したメキシコ国立自治大学（UNAM）「植民期大衆文学研究プロジェクト（Literaturas Populares de la Nueva España）」のリーダー、マリアナ・マセラ編による『アントニオ・バネガス＝アロヨ——非凡なる出版者（*Antonio Vanegas Arroyo: Un editor extraordinario*）』が、同大学から出版された。こちらは、アルサシオの別の姪にあたるイネス・セデーニョ＝バネガスが長年、未開封のまま保管してきた資料の束をデジタル化したものがベースになっており、こちらの資料は「チャベス＝セデーニョ・コレクション（Colección Chávez-Cedeño）」と命名されて、マセラがリーダーを務める「イベロアメリカ大衆印刷物ラボ（Laboratorio de Culturas e Impresos Populares Iberoamericanos）」のサイトにおいてオンライン公開もされている[1]。

この二冊に加えて、大衆印刷物の蒐集・研究家であるメルクリオ・ロペス＝カシージャスの労作も発表された。この二百五十ページに及ぶ論文は、二〇一三年に出版された『ポサダ——没後百年（*Posada: 100 años de Calavera*）』に、「ポサダの技法的・美術的進化（Desarrollo técnico y estético de Posada）」という章として収録されており、バネガス＝アロヨ個人に関するものではないが、ポサダと工房の関係、そして、同工房の理解を深めることに不可欠と言える内容となっている。

この三つの文献は、従来のポサダ関連の研究とは明白に一線を画すものであり、バネガス＝アロヨ工房の理解への道を開くものだった。

■大きな進展──ディアス＝フレネとアンヘル・セデーニョ＝バネガスの著作

これら三冊の本が、ごく最近になって立て続けに出版されたことで、ポサダともっとも関連の深かった印刷工房の研究に予想外の新展開をもたらしたわけだが、とりわけ、最初の一冊は、バネガス＝アロヨ家の人間と経験豊富な歴史研究者がタッグを組んで、家に代々伝わってきた未発表の資料を分析するとともに、その周辺情報を精密に裏取りしたものだったから、そのインパクトは大きいものだった。

それまでにも、アントニオの息子ブラスと孫のアルサシオが、ジャーナリストのインタビューなどを通じて同工房と創業者アントニオについて、様々なことを語ってくれていたとはいえ、そういった断片的な「思い出話」をはるかに上回る大量の生々しい資料が世に出たのである。

具体的には、印刷工房の資産目録、発注がどのように行われたかを示す何通もの手紙、家族構成を理解するのに役立つ洗礼証明書や死亡証明書、多くの作品の肉筆原稿、最初に取得した印刷機の購入契約書、さらには、書籍の執筆者や学術雑誌の編集者との間で交わされた何通もの契約書、数多くの写真、創業者の遺言を記した公正証書といったもので、これらひとつひとつは、雑然としたデータに過ぎない。しかし、それらを総合し、分析していくことで、当時のメキシコで、大衆をこよなく愛し、ポサダと二人三脚で成功の道を駆け上がっていった非凡な印刷業者の暮らしぶりの詳細が浮かび上がってきたのである。

■アンヘル・セデーニョ＝バネガス、創業者の曾孫

アンヘル・セデーニョ＝バネガスの言によると、ある日、彼が伯父のアルサシオに曾祖父の一生についての本を書きたいと伝えたところ、アルサシオが丁重にいろいろ教えてくれたことからすべてが始まったという。

アルサシオは、創業者アントニオの孫に当たるが、バネガス＝アロヨ工房の往事を知っていた最後の人物と言える。彼自身も伝説的な生涯を生きた人物で、若い頃は印刷工房の家業を嫌い、運動神経に優れていたことから、花形プロレスラーとして人気を博するようになる。

その交友関係の広がりの中で、一九五〇年代、メキシコに亡命してきていたフィデル・カストロ、ラウル・カストロ兄弟をはじめとするキューバの革命家たち、さらに彼らに合流してきたチェ・ゲバラとも知り合い、彼らの革命にメキシコから援助をする立場となる。プロレスラーとしての経験を生かして、彼ら革命家たちに体術などの訓練を施しただけではなく、キューバ革命に先だって、祖国の同志に革命を呼びかける宣言文のいくつかは、実は、このバネガス＝

アロヨ工房で印刷されているのだ。

筆者は一九八九年にメキシコを訪れた際、幸運にも、アルサシオ氏に会うことがかなった。その時点で、すでにアルサシオは、とうの昔にプロレスラーは引退していたが、父ブラスから受け継いだ工房を維持しつつ、祖父アントニオの記憶を甥たちに伝承していた。

計算してみると、筆者が知り合った頃のアルサシオは六十七歳だったことになる。明朗快活な性格にプロレスラーとして鍛え上げられた肉体は、年齢よりずっと若く見えたが、彼は羨ましいほどのエネルギーに満ち溢れつつも、冷徹な時間の流れを自覚し、静かな世代交代を決意していたのだ。


自分の死後も親族が後を引き継ぐことができるように、祖父が父ブラスに遺した資料を、彼は手際よく甥たちに分与していった。そのおかげで、彼の死後二十年近く経った今日も、長い間守ってきた資料は散逸することなく、彼の祖父に関する研究が、まさに今、開花していると言える。

とはいえ、アンヘルが自分の家族の歴史を書籍という形で発表したのは、資料を受け継いでからさらに三十年近くの月日が経過した後だった。単に、すでにある箱の中の資料だけをもとに本を書くのではなく、より鮮明に一族の系譜を浮かび上がらせ、その裏付けをとるために、親戚一人ひとりの洗礼証明書の確認といった作業を地道に行い、そこに多くの時間を費やしたからだという。

欠けている過去の文書を役所や教会から探し出すことは、気が遠くなるほど面倒な作業だったが、それだけの意味はあった。彼は、一八五二年にプエブラで生まれたアントニオとその兄弟の洗礼証明書だけでなく、さらにその父親であるホセ・マリア・バネガス＝ゴメス（一八一九―一八七九）の結婚証明書も発掘した。そして、彼の言によれば、その書類に記されていたのが高祖母のアントニア・アロヨ＝レオン（？―一八九九）ではなく、別の女性の名前だったことから、アンヘルは、高祖父が複数回結婚していたことまでも発見するのだ。

このような家族の「秘密」は、もちろん、これまでまったく知られていなかった。また、アンヘル自身、一部ではすでに噂されていたものの決定的とは言えなかった情報も確認している。すなわち、彼の高祖父は、マクシミリアーノ皇帝による第二帝政（つまりフランス統治下）の時代、プエブラ州政府の印刷局の責任者であったという事実だ。

このことは些細な問題とは言えない。ホセ・マリア・バネガスが、当時、侵略政府に与していた側であったことを示唆するものだからだ。それゆえ、一八六七年にオーストリア出身のマクシミリアーノ皇帝が銃殺された後、報復を避けるために、一家の首都移転を決断したのだと思われる。アントニオが十五歳の時のことである。

■ハディエル・ディアス＝フレネ、キューバ生まれの歴史家

このアンヘルの地道で膨大な作業を二人三脚で手伝ったプロフェッショナルの歴史家が、ハディエル・ディアス＝フレネである。キューバ生まれの歴史研究者だ。ハバナ大学で学士号を取得し、コレヒオ・デ・メヒコ（メキシコ大学院大学）で大学院を修了した人物で、研究テーマはまさにラテンアメリカの大衆文化。アントニオ・バネガス＝アロヨの印刷工房への興味はそこから来ている。

彼の貢献は、いろいろな意味で、非常に重要なものだった。

まず、一族からの絶対的な信頼を得ることができたことだ。それは彼がキューバ出身であることと無縁ではない。先に述べたアルサシオとキューバ革命の関わりのため、この家族はキューバに非常に親近感を持っており、アンヘルの兄ラウルはその名前をラウル・カストロからもらっているほどなのである。

二つ目は、いくつもの箱の中にあった夥しい数の資料を歴史家の視点で整理分析し、さらに、アンヘルが長年かけて収集した資料の整理にも協力したこと。

三つ目は、それらの膨大な情報を、一冊の書籍というまとまった形で発表することに尽力し

たことだ。コレヒオ・デ・メヒコから出版された同書は、二人の共著という形を取っており、ディアス＝フレネ自身がかなりの部分を執筆している。

資料の山の中から、どの部分を選び、どの角度から分析を始めるかを決めることだけをとっても容易なことではない。その意味で、ディアス＝フレネの編集者としての功績は大きく、同書は、バネガス＝アロヨの人生を描くにあたっての、最初の試みと言えるだろう。

同書はとてもよく考えられた構成となっている。まず、アンヘルが一族に関する自分の発見について述べ、そこに、ディアス＝フレネが、家族に関する詳細や、印刷工房の創業時にまつわるデータ、出版された印刷物の種類について、個々の注文を明らかにする書簡資料、事業が成功した後のバネガス＝アロヨ家の生活についてといった追加情報やその歴史的背景を、わかりやすく解説する形式を取っている。

このことで、まさに、その時代を生きてきた創業者アントニオの生き方や暮らしぶりがまざまざと蘇ってくるのである。

■家族の情報

アンヘルの本から浮かび上がってきた、アントニオの若き日の姿に話を戻そう。

アントニオの父ホセ・マリア・バネガスは、首都で印刷工房を開くものの、三年目、アントニオが十九歳の時に、流れ弾に当たって右腕が不自由になる重傷を負う。

政治的な理由で故郷を去らなければならなかった挙げ句、さらなる不幸に見舞われたのだから、この事件で、若き日のアントニオの首都での最初の数年が大変なものとなったであろうことは察するにあまりある。

アントニオの母（ホセ・マリアの妻）は、アントニオを筆頭にした五人の子供に加えて、メキシコシティに移住してから、さらに三人の子供を授かっている。六人目は一八六九年、七人目は一八七〇年、末っ子は一八七六年に生まれているから、ホセ・マリアは計八人もの子供を養っていたことになる。同書では他にも二人の女の子について言及しているので、実際には十一人の大家族を食べさせていたようだ。

その銃撃事故の二年後の一八七四年、アントニオは、父親の工房に製本の手伝いに来たお針子の娘と結婚（当時の製本は糸を使って行っていたことによる）、そして、その事故から五年後の、アントニオが二十三歳で初めて父親になろうとしている矢先に、末の妹が生まれている。

つまり、後にメキシコでもっとも有名な大衆印刷工房を作ることになる創業者の妻は、一八七三年に偶然に父親の工房の手伝いにやってきて、一八七四年、ほぼすぐに結婚したということだ。また、この新妻は、一八七六年、姑が最後の出産をした年に、わずか二日違いで第一子を出産している。

若いカップルがそのような状況にあったことが判明したことで、若き日のアントニオがエンカルナシオン通り九番地に最初の工房を開いた時、あまりお金を持っていなかったと言われていた理由がわかる。ディアス＝フレネは、アントニオが独立して、新たに自分の工房を始めたのは、父であり師匠でもあったホセ・マリアが亡くなる直前であったと指摘しているが、これが一八七八年頃のことだ。

アントニオにすれば独立直後の父の死であり、ホセ・マリアの妻、つまり、アントニオの母からすれば、大家族に加えて、さらに二歳になったばかりの幼児まで抱えて、大黒柱を失ったことになる。

ここでディアス＝フレネは、ふたたび私たちの好奇心を満たしてくれる。若夫婦は妊娠中に親元を離れ、ペルペトゥア通りに引っ越したと明記しているのだ。

本書に掲載されている写真は、この家族の生活を知る上で非常に役に立つものだ。筆者自身、アントニオの両親や、彼の若い頃の写真を初めて目にした時の感動は言葉にできないものだった。突然、彼の姿が私の中で実体化し、かつてなかったほどの大きさで、まるで手に触れられるように感じるようになったのだ。

■一八八〇～八四年の印刷工房

三十歳になったアントニオは、将来性のあるビジネスビジョンを持った思慮深い人物になっていた。彼は、収益を家賃ではなく機械に投資したいと考え、最初に借りた家賃十二ペソの狭い工房で十二年間我慢した。当時、彼が妻と子供と一緒に住んでいた家の家賃は二十ペソだった。この家は、事業所と同じ通りの十番にあったので、ペルペトゥア通りからエンカルナシオン通りに引っ越したことになる。

ホセ・マリア氏の死亡証明書から、アントニオの実家の家族も、一時、ペルペトゥア通りに住んでいたことはわかっている。そして、アントニオがエンカルナシオン通りから、一八八九年頃、サンタ・テレサ通りに事業所を移す直前、すでにこの通りに版画工房を持っていたポサダと彼が運命的な出会いを果たすことになる。アントニオのポサダへの最初の発注仕事こそ、この移転通知の挿画だったからだ[2]。

なお、初期の工房の出版物では、ページ下部に工房がエンカルナシオン通り九番地と十番地にあることが記載されている。出版物の中には「九番地」とだけ書かれているものと「九及び十番地」と書かれているものがあるので、アントニオは二軒分のスペースを使って印刷事業を行っていたのだろうと筆者はずっと考えていたが、そうではなかった。この本の登場で、九番地が工房、十番地が住居であることが判明したのだ。

アントニオがアギラール親子商会と交わしたリバティ4印刷機の購入契約書は、彼の経営戦略を探ることに役立つ。資料によると、購入契約書は一八八三年のものだ。その内容は、アントニオが頭金を百ペソ払った上で、週五ペソを二十四週間支払うというもので、もし支払いが滞ればペナルティが発生するという契約内容は非常に明確なものだ。幸いにも、アントニオは堅実で、六ヶ月後には印刷機は彼の所有物となっていた。この機械の購入と同様、彼は共に働く人ともきちんと雇用契約を結び、書籍も正式な契約書を交わした上で共同出版してきた。こういったディテールは、アントニオの実像を生き生きと蘇らせてくれる貴重な資料である。

■アントニオの書簡

バネガス＝アロヨ家に百年間保管されていた資料の中には、創業者アントニオが、その現役時代にどのように商売をしていたかを示す数多くの書簡や帳簿もある。

ディアス＝フレネは、アントニオの商売が非常に好調で、アメリカ合衆国やユカタン半島などの遠方からも発注があったことを資料で証明した。発注元から、あるテーマで五百枚、別のテーマで二百五十枚と注文されているのだから、売れ行きは当時としてはかなり良かったということだ。発注者の側も、印刷物千枚あたり二・五ペソで購入し、それを倍額で小売りして、二・五ペソの利益を得ていた。バネガス＝アロヨ工房の印刷物は美しい絵柄で、ほとんどの作品は期間限定の内容ではなかったため、その販売は手堅かった。

アントニオが、アギラール親子商会に週五ペソを支払って、リバティ4印刷機を購入していたことを思い出してみよう。つまり、借金を返済するためには、週あたり二千枚分の印刷物を売れば、借金が支払えたことになる。とはいえ、すべての客が大量注文をするわけではないから、顧客の数が多ければ多いほど現金の余裕ができ、財務の負担が軽減されることになる。ディアス＝フレネは、一八八四年に工房が広告を出していることに言及しており、アントニオが事業を継続するために、手広く顧客を得ようとしていたことがわかる。

■一八九〇年代のバネガス＝アロヨ家の暮らし

知性、計画性、鋭い嗅覚、そして何よりも仕事への愛情があったからこそ、アントニオは成功した。それは、同書が登場する前からわかっていたことだが、その詳細は明らかではなかった。たとえば、アントニオがモレロス地区に不動産を購入していたことは知られていたが、そのうちの少なくとも一つが彼の名義ではなく、妻の名義であったことまでは知るよしもなかった。

同書によると、妻カルメン・ルビは一八九三年に千百三十九ペソの価格の地所を購入している。一区画まるごとと、さらにもう一区画の半分にも及ぶから、小さな土地ではない。アントニオが新しい機械を手に入れたのも同じ時期だった。これは、バネガス＝アロヨ一家が精力的に働いたということだ。彼らは力を合わせて、貯蓄につとめた。しかも、彼らはまだ若かった。夫は四十一歳で妻は三十五歳だった。

アントニオの母は一八九九年に亡くなっているが、これもまた、同書で初めて判明したことだ。今までに書かれた新聞記事などから、当時、アントニオにはメキシコシティの西部に親戚がいることはわかっていた。しかし、まさかそれが母親だとは、筆者も夢にも思わなかったのだ。彼女がどの時点で市の東部から西部に引っ越したのかはわからない。ディアス＝フレネは、この西部の家で、彼女が「二十年間未亡人生活を送った」と記している。

同書には、彼女の写真が二枚収録されている。若い頃の、夫ホセ・マリアの隣で内気そうでかよわげな姿で写っているものと、晩年の確固たる自信に満ちた表情を浮かべたものだ。髪は白くなっているが、丈夫そうで、彼女の人生がけっして不幸なものではなかった印象を受ける。

関心のある方なら、コレヒオ・デ・メヒコ出版の同書がKindleで入手できるので、望めばいつでも目にすることができる。他にも興味深い写真がある。その中には、写真館で撮影された、アントニオが家族に囲まれているとても素敵な一枚もある。

■過去を蘇らせる——ディアス＝フレネの継続的な取り組み

ディアス＝フレネは、アンヘルの膨大な資料にアクセスし、写真撮影を許された唯一の研究者であり、それらを基に、同書以外にも貴重な論文を発表し続けている。たとえば、二〇一九年には、アントニオ・バネガス＝アロヨと、彼の協力者の一人であった作家アルトゥロ・エスピノサとの公私にわたる交流関係を詳しく調べあげている。

アルトゥロ・エスピノサ、通称チョンフォロ・ヴィコは、一八九〇年生まれ。一九〇五年、十五歳の時に仕事を求めてアントニオの工房を訪ね、一九一七年にアントニオが死ぬまで、そこで働いていたようだ。この青年には気の利いた韻文を書く才能があったので、アントニオは彼に多くの執筆を依頼した。もっとも、帳簿によるとさほど良い報酬ではなかったようだが。

ある民事訴訟の記録によって、エスピノサは、バネガス＝アロヨ家が彼に貸していた市の西部にある家に住んでいたことが判明している。アントニオの死後、支払いができず、追い出されたのだ。

そして、アントニオと出会ってから半世紀後の一九五五年、おそらく家族からの依頼で、エスピノサは『模範的な人生（*Vidas ejemplares*）』というアントニオ・バネガス＝アロヨの評伝を書いた。これは、出版されることはなかったものの、手書きの原稿が工房に残されており、これまた非常に貴重な情報を含んでいる。チョンフォロ・ヴィコは、執筆時六十五歳。彼の肉筆文字は非の打ち所なく、老人の筆跡には見えないものだ。

とはいえ、その三十八年前、エスピノサはこの恩人の未亡人と訴訟沙汰を起こしていたわけだから、彼がこの伝記を書くことに同意したのは、いささか驚きでもある。こういった多くのエピソードを、ディアス＝フレネが、彼自身の論文の中で語っているのだ。

■「イベロアメリカ大衆印刷」プロジェクト

アントニオ・バネガス＝アロヨに関する、もう一つの大きな研究が、先に述べたＵＮＡＭのマリアナ・マセラのコーディネートになる『アントニオ・バネガス＝アロヨ――非凡なる出版者』という書籍だ。

この本は、ディアス＝フレネとアンヘル・セデーニョ＝バネガスのものとは違い、アントニオ自身の私生活や印刷工房の実態を再構築するものではない。しかし、同書にはアントニオの曾孫娘による紹介文と一家の未発表写真が掲載されている上、このコレクションの大部分は誰でも閲覧可能なネットで公開されている。まさに研究者にとっては宝の山と言ってよい。

同書は、この資料をベースとして、イネス・エディット・ネグリン、エリア・エマ・ボニジャ＝レイナ、そして前述のロペス＝カシージャスの三人が分担して執筆しており、これらを通して、こちらの資料の内容の一部を見てみよう。

まず、この資料はどこから来たのか。イネス・エディット・ネグリンは、コレクションの所有者であるアントニオの曾孫娘イネス・セデーニョ＝バネガス［以下、イネス］への聞き取り調査を担当している。

それによれば、イネスは、兄のアンヘル同様、アントニオの孫で伯父にあたるアルサシオと極めて良好な関係を築いており、アルサシオから印刷工房に関する貴重な資料の入った包みを、数年がかりで少しずつ譲渡されていた。

イネスは、それらの包みをずっと封印していたが、二〇〇五年に開封して内容を確認し始める。彼女と彼女の夫、子供たちは、遺贈された膨大な量の印刷物を丹念に整理し、チャベス＝セデーニョ・コレクションと呼ばれるものを形作り、彼らの意思により、このコレクションは一般に公開されることになったのである。これは、アントニオの没後百年を機に、アントニオ・バネガス＝アロヨ工房の研究を進めることを目的としている。

■家族の情報

同書には、九枚の写真が掲載されている。うち二枚は他の書籍にも収録されているものだが、残りの七枚は初出で、家族の様子をうかがい知ることができるものだ。まず目を引くのは、往時のファッションだ。女性は全員ロングドレス、男性はネクタイとジャケットで登場している。帽子をかぶっているのはアントニオだけだが、いつもというわけではない。七枚の写真のうち、三枚は家の前（おそらく彼らの家だと思われる）で、五枚は写真館で撮影されており、そのうち一枚だけが比較的新しい。

ボニジャ＝レイナは、「アントニオ・バネガス＝アロヨ――ポルフィリオ時代における大衆出版者のインパクト（Antonio Vanegas Arroyo: el impacto de un editor popular en el porfiriato）」[3]という章の中で、チャベス＝セデーニョ・コレクション以外から彼女自身が発掘したデータも含めて提供している。たとえば、「アントニオ・バネガスは、死の前日（死亡証明書によれば、「左肺底部の出血と腎臓の炎症性病変（ブライト病）」による）に、インプレンタ通り六十四番地の自宅で、公証人の前で遺言書を口述し、自分はプエブラ市出身の六十四歳であると語っている。

この遺言状から推認されるに、彼の資産はけっして些少なものではなかった。つまり経済的にかなりの成功を収めていたのだ。ここで、ボニジャ＝レイナは重要な事実を付け加える。すなわち、彼の夫人がその唯一の遺産相続人であったということだ。

■工房に関する情報

長い間、メキシコの知的エリート層の人々は、創業者アントニオを不当に低く評価してきた。ポサダの評価が確立してきた以上、ポサダと二人三脚の間柄であった印刷工房の重要性は明らかであるにもかかわらずだ。印刷物の質が低く、信頼性において非常に疑わしいというような嘆かわしい注釈までつけられてきたのである。

ボニジャ＝レイナはこれに真っ向から異を唱える。筆者も彼女と同意見だ。本書の後の章で述べるが、筆者自身が長年にわたって読みこんできた資料が、事実はその逆であることを証明している。

もう一点、ボニジャ＝レイナが示唆しているのは、バネガス＝アロヨに対する一部のカトリック界の反感だ。彼女は、一八九一年にケレタロの司教が、アントニオが「偽りの奇跡に言及し」、そこから利益を得ているとまで非難した例を挙げている。

端的に言うと、彼女は「バネガス＝アロヨ現象」とでも呼ぶべきものが研究対象になるとまで言っているのだ。つまり、二十世紀初頭のメキシコで、すぐれた創造性を持ちつつ、商業的にも大成功を収めた出版社が存在しえたという事実、そして、教養あるエリートの側がその偉業を不当に軽視、というより、その価値をずっと理解できずにいたということだ。

それは、当時のラテンアメリカで支配的だったのが、ヨーロッパ中心の価値観だったからとも言える。

とはいえ、印刷・出版の世界におけるアントニオの冒険は、これまででもっとも素晴らしいものの一つと筆者は考える。なぜなら、安価な印刷物の出版でありながら、質を落とすことなく、高い収益を上げるという、不可能と思われたことを可能にするために、あらゆる手段を講じたからだ。

これは、まるで砂漠に咲く一輪の花のような価値ではないだろうか。

当時のメキシコの読者は、単に一時、目を楽しませるだけでなく、彼らのために作られたオリジナルのコンテンツにアクセスすることができた。

アントニオが、メキシコの庶民を、最高のものに値する立派な読者と見なしていたことは重要である。恵まれない階級の人々に低俗な内容のものをあてがうような発想はまったく念頭になかったのだ。

この点を立証するために、没後百年を記念して二〇一三年に出版された書籍『ポサダ、没後百年』の中から抜粋して紹介しよう。

■蒐集・研究家からの寄稿――メルクリオ・ロペス＝カシージャス

同書に、ロペス＝カシージャスは「ポサダの技法的・美術的進化」という必読の論文を寄稿している[4]。この論文の功績は、ポサダの芸術的な仕事に光を当てるだけでなく、ロペス＝カシージャス自身が述べているように「彼の膨大な作品に首尾一貫した分類を行った」[5]点にある。ポサダの天才ぶりを疑う者はいないものの、これで、彼の仕事を評価する要素が完全に出揃ったと言える。

同論文によれば、ポサダは石版画家としてデビューしたが、実質的に十年近く木版画も制作していた。彼だけではなく、メキシコにはガブリエル・ビセンテ・ガオナやマヌエル・マニージャなど、すぐれた木版画家が存在していたのである。

あまり知られていなかったことだが、後者のマヌエル・マニージャは「この技法を専門にした最初の版画師の一人」であった[6]。

　ここで、遅ればせながら、マニージャについて少々説明をしておこう。マヌエル・マニージャはメキシコシティ出身で、一生をそこで暮らした版画職人である。彼に関しては、最近まで詳細はほとんど知られておらず、しかも、ポサダと同じく、バネガス＝アロヨ工房の職人であり、また、彼も髑髏や骸骨をモチーフにした作品を描いていたことから、その作品の一部はポサダのものと混同されていた。

　とはいえ、ボニジャ＝レイナとラファエル・バラハスという傑出した二人の研究によって、徐々に、マニージャについても様々なことが明らかにされてきている。とりわけ、バラハスの行ったマニージャとポサダの政治風刺画の比較によって、マニージャの今まで考えられていなかった一面が浮き彫りになった。

　マニージャは生涯を通じて、ポサダと比べると作風が稚拙であると見なされてきていた。この作風におけるタッチの素朴さゆえに、洗練された知性や批判精神と結びつけてこられず、ポサダほど関心を持たれてこなかったとも言える。しかし、バラハスはこの朴訥さと作品の内容とはまったく別物であることを明らかにしてくれた。

　偏見を持たずに見れば、マニージャは、ポサダより政治批判において妥協がない。彼の風刺画は直截的にディアスの反憲法的で抑圧的な行為を、外形的にも道義的にも醜いものとして描き、チフスのように恐ろしいものであるというような描写を行っている（図1）。

バラハスは、ポサダが反ディアス系新聞とは微妙に一線を引いていたのに対して、マニージャの方はむしろ堂々と反ディアスであったことも示している。

図1 「幻灯機」

このマニージャやポサダは木彫とは別に、鉛にも彫っている。ロペス＝カシージャスは「どの原版が木で作られ、あるいは鉛で作られたかを識別するのは非常に難しい」[7]と説明する。しかし、印刷所の主たちは、「（職人が）より高い技術と鍛錬を必要とする」[8]にもかかわらず、「時間の経過に、より耐性がある」[9]ために鉛を好んだというのだ。

ポサダに関しては、彼は首都に来る前、石版画家として比較的簡単な仕事をしていた。石墨やリトグラフペンで石版に描き、インクを塗って何枚も複製する」という単純なものだった。

そして印刷が終わると「石を消し、新しい別の絵でその作業を繰り返すのだ」[10]。

しかし、メキシコシティに引っ越してからは、マニージャ同様に鉛に彫ることを余儀なくされた。ポサダは地方では百枚、千枚程度のプリントを顧客に届けるだけで十分だったのだが、首都では、「原版が必要、画像と活字を同時に印刷したい」[11]という新しい顧客が出てきたからだ。つまり石版に比べ、「十倍の時間がかかる」[12]わけだ。マニージャやポサダの仕事がいかに手間のかかる大変なものであったかが、はっきりわかる。

この論文の素晴らしいところは、版画の制作過程だけではなく、印刷物としての仕上がりやその商業的効果までが十分に理解できるような画像と解説を、圧倒的な量で掲載しているところだ。ポサダが使った技法の中には、一八八九年から一九〇五年にかけて取り組んだ浮き彫り(カメオ)技法がある。この技法は、バネガス＝アロヨの子供向けの小冊子を彩る鍵となり、また、ステンシル転写と呼ばれる別の着色技法も同様だった[13]。

ポサダがメキシコシティに到着する前から、マニージャはすでにこの二つの手法で物語を装飾していた。浮き彫り技法は非常に手間のかかる作業で、二色のプリントを作るには、まず黒と赤なり他の色（たとえば緑）の二色の鉛板を作らなければならない。ロペス＝カシージャスはポサダの浮き彫り技法を「彼の作品のもっとも洗練された部分」[14]と表現しているが、一方で、ポサダがバネガス＝アロヨに出会う何年も前から、マニージャはすでに浮き彫り技法を用いて物語の表紙を飾り、ステンシルで挿絵に色をつけていたという事実も強調し、一八八二年という日付まで明らかにしている。このことは、バネガス＝アロヨ工房の印刷物を研究していた筆者も知り得なかったことで、安価に売られていたものだけに、そこまで手がかかっていたとは思ってもみなかった印刷物の有り難みが何倍も増したものだ。

これを知ることは、マニージャの作品をより正しく評価することにもつながる。木や鉛に彫刻を施し、浮き彫りやステンシルの技術を駆使していたというのだから、彼の作品の素朴な描線と、職人＝彫り師としての能力はまったく別物だということだ。

もう一点、ロペス＝カシージャスが明快に述べていることを書き加えておこう。ポサダは晩年、鉛に替えて亜鉛を使って彫刻をするようになった。この変更は非常に大きな意味を持っている。鉛では不可能だった工房なしでの作業を可能にしたからだ。一九〇五年以降、ポサダはサンタ・イネス通り五番地の工房の扉を閉め、それ以降は「ほとんどすべての仕事を亜鉛板に限定」[15]し、彼の生活を極限にまで簡素化することができた。すなわち、イラストを写真工房に持ち込んでネガを作り、そのネガを別の工房に持って行って亜鉛板を作るだけで良くなったのだ。

晩年のポサダが経済的に困窮していたことが知られているだけに、工房スペースを維持する必要がなくなったことの意味は大きかっただろう。晩年の七年間の彼の仕事は、この新しい写真製版の技術に負うところが大きい。ロペス＝カシージャスは、この手法で挿絵が描かれたバネガス＝アロヨの五つの物語の具体的なタイトルを挙げている。このことは、ポサダが新しい技術を用いてアントニオの印刷工房に対してベストを尽くしていたことを証明している。

ロペス＝カシージャスは「ポサダのケースは唯一無二」であると指摘する[16]。なぜなら「彼ほど様々な技術を採り入れ、現役でいつづけられた者はいない」からだ。このことは、ポサダがユニークな存在であっただけではなく、バネガス＝アロヨ印刷工房が彼の作品を正当に評価し、それにふさわしい脚光を与える方法を知っていたことを示すものと言える。

一方、ロペス＝カシージャスは、マセラ編の書籍の中では、次のようにも書いている。

おそらく需要の増大に直面して［中略］出版社は価格を低く抑えるために、印刷物の製造と質を低下させたのだろう。書体は軽視され、版画にまでスペルミスが見受けられるようになり、誤字脱字も普通となった。紙は一般的なものになり、製本は縫製が悪く、洗練されていない。小冊子の表紙に赤インクは使われなくなり、物語の挿絵も色が失われた。[17]

この指摘は残念なことだ。しかし、だからといって、それまで工房が作ってきたものの価値がすべて損なわれるというものではない。

出版者アントニオ・バネガス＝アロヨについての研究が進むことで、ポサダはもう二度と単独で語られることはなくなるだろう。そして、いずれ、この時代のメキシコのこの分野で活躍した他の立役者たちの軌跡をも浮き彫りにされる日も来るかもしれない。いずれにしても、メキシコの大衆印刷史の地平から、たくさんの星が輝く空が見えるようになれば、その中でアントニオ・バネガス＝アロヨが、ひときわ燦然とした輝きを放っていることには疑いの余地はない。

参考文献

Barajas Durán, Rafael "El Fisgón", *Posada: mito y mitote: La caricatura política de José Guadalupe Posada y Manuel Alfonso Manilla*, Fondo de Cultura Económica, 2009.

Bonilla Reyna, Helia, "Antonio Vanegas Arroyo: el impacto de un editor popular en el porfiriato", in Mariana Masera (coord.), *Colección Chávez-Cedeño: Antonio Vanegas Arroyo. Un editor extraordinario.* UNAM, México, 2017, pp. 63-105.

Díaz Frene, Jaddiel & Cedeño Vanegas, Ángel, *Antonio Vanegas Arroyo, andanzas de un editor popular (1880-1901)*, El Colegio de México, México, 2017.

Díaz Frene, Jaddiel, “Chónforo Vico, un hombre entre prensas, metáforas y hojas volantes. La historia olvidada de un poeta popular (1900-1910)”, in Gonzalbo Aizpuru (ed.), *La historia y lo cotidiano*, El Colegio de México, México, 2019, pp. 268-290.

López Casillas, Mercurio, “Desarrollo técnico y estético de Posada”, in López Casillas, Mercurio et al., *Posada: 100 años de calavera*, Editorial RM, México, 2013, pp. 91-360.

López Casillas, Mercurio, “La publicidad en los impresos de Antonio Vanegas Arroyo” in Mariana Masera (coord.), *Colección Chávez-Cedeño. Antonio Vanegas Arroyo. Un editor extraordinario*, UNAM, México, 2017, pp. 107-172.

López Casillas, Mercurio et al., *Posada: 100 años de calavera*, Editorial RM, México, 2013.

Masera, Mariana (coord.), *Colección Chávez-Cedeño: Antonio Vanegas Arroyo. Un editor extraordinario*. UNAM, México, 2017.

【注】

1　<https://literaturaspopulares.org/ipm/w/Inicio>

2　López Casillas et al. 117頁によれば、この最初の発注仕事は、「新しい住所を宣伝するチラシの表に印刷する、有名な闘牛士の一連の石版肖像画」だった。チャベス＝セデーニョ・コレクションには、これらのリトグラフも含まれている。また、同書、118頁によれば、「下部に『Lit. de A. Vanegas Arroyo a cargo de J. G. Posada』と書かれた版画」もあり、アントニオがリトグラフ印刷機を所有していたことが判明した。

3 Masera (coord.), pp. 63-105.
4 López Casillas et al., pp. 91-35.
5 同右、95頁。
6 同右、133頁。
7 同右、125頁。
8 同右、133頁。
9 同右、133頁。
10 同右、134頁。
11 同右、134頁。
12 同右、135頁。
13 同右、231頁。
14 同右、196頁。
15 同右、298頁。
16 同右、279頁。
17 Masera et al., p. 127.

第3章 バネガス＝アロヨ工房と「カラベラ」

さて、ポサダの代表作と言えば、カラベラ（髑髏）というイメージが定着している。そして、メキシコの「死者の日」のシンボルともなっている。

しかし、実際のところ、祝祭としてのメキシコの死者の日の起源は先住民時代に遡るが、ポサダの生きた時代は、今から百年少し前に過ぎない。

では、現在のメキシコの死者の日の祝祭につながる骸骨絵の印刷物のモチーフは、どのようにして生まれたのだろうか。

ここでは、一八八〇年から一九二〇年代にかけてアントニオ・バネガス＝アロヨ工房において出版された夥《おびただ》しい数の一枚刷り・ばら売りの大衆印刷物（オハ）の中から、筆者が入手した七十枚余のオハをもとに、ホセ・グァダルーペ・ポサダや他の版画家による骸骨画について見てみることにする。

これらの分析に先立って、死者の日のカラベラの起源について少し述べてみよう。

■死者の日の印刷物──その起源と意味

ここでは、一般消費者向けに死者の日の間だけ印刷・販売されるオハを「カラベラ」と呼ぶこととする。

その中でなんといってももっとも有名なのは、一八八〇年からバネガス＝アロヨ工房で印刷・販売されている、ポサダの髑髏絵のものである。このおかげで、ポサダと言えば、死者の日の髑髏の貴婦人カトリーナというイメージが定着しており、いわば、日本では一月二日にだけ購入し、一年の幸運を引き寄せる良い夢を見るべく枕の下に敷く「宝船」のようなものとも言えなくもない。

新年の季語ともなっている宝船は、七福神が乗る宝物を積み込んだ船の絵で、カラベラと同様、特定の時期だけしか売られない安価な版画ものだ。その慣習は現在の日本ではほぼ廃れてしまっているが、メキシコのカラベラは今でも健在である。それどころか、映画などの影響もあって、以前に増して注目されていると言ってもよい。とはいえ、カラベラも「宝船」と同様、特定の祝祭日の時期にのみ売られる印刷物という以上のものではない。

では、この習慣は、バネガス＝アロヨ工房が始めたものなのだろうか？

実は、独立前夜からそういった風習は存在していた。

メキシコシティで死者の日向けの印刷物を最初に製造・販売したことがはっきりわかっているのは、ホアキン・フェルナンデス＝デ＝リサルディ（一七七六―一八二七）という作家である。ただし、リサルディの頒布した印刷物は、挿絵はなく、文章だけのものだった。彼の他の作品と同じ体裁で、ただし、死者の日の期間中のみ販売されたのである。彼はこの種のオハを「パペルーチョ（紙きれ）」と呼んでいたが、この「カラベラ」は、当時のメキシコシティの死者の日の風俗に、たくさんの骸骨が登場するファンタスティックな物語を組み合わせた内容で、娯楽性がありつつ、説教くさくない程度の教訓性を持っている。

一八一八年配布のオハ「どくろのなかみ（Anatomía o disección moral de algunas calaveras）」[1]という短編では、「死者の日」は、（日本のお盆と同じく）死者に手向けられるものだが、同時に、生きている人たちが大いに楽しむものでもあった様子が描写されている。

この物語の前半で、当時の死者の日の中央広場の情景が語られる。「天幕を張られた、碁盤の目の街通りの美しさ」「見事な照明」「めずらしい提灯や飾り物」や「おいしそうに並べられた、山ほどの果物やお菓子」に作者が感動している様が描かれ、さらに、買い物客に呼びかける商人たちの声や、着飾った女性に男性がかける甘い言葉や、セクシーな女性たちが高笑いしながら街を歩く姿なども描写されている。この陽気で華やかな場面のあとの後半に、死神が登場する風刺色の強い審判のシーンが現れる。

この物語の中では、作者リサルディ自身が主人公として、この夜の中央広場を楽しんでいるのだが、その夜、眠り込んだところで、彼の前におそろしい骸骨の姿の死神が現れ、暢気な時を過ごしていたことに対して、彼を叱りつける。

「おまえは自分が不死だとでも思っているのか？　私に縁がないとでも思っているのか？」「今日という日は恐ろしい喪の日であり、涙と遺灰の日だというのがわからないのか」「鐘の音が、親や友人や親戚の死を告げているのが聞こえないのか？」「おまえ自身が、死の影に取り巻かれているのに気がつかないのか」、さらには、お供えの砂糖菓子などを指さしながら、「骨やドクロや墓が目に入らないのか」と詰問するのだ。

そうして、第二部では、死神は、リサルディ自身を黄泉の国に連れて行き、死を忘れて遊んでいたことについて反省させるのである。

さて、本題に戻ろう。

リサルディはメキシコ近代文学の父として評価されており、当時、長編小説を分割して、読者に届けるといった販売手法をとった人としても知られているが、同時に、このようなオハの形式の物語も作って売っていたのである。

いま引用した「どくろのなかみ」という物語の中には、こういった当時の印刷物の出版や販売についても、なかなか興味深い情報がある。

この物語の冒頭で、作者であり主人公でもあるリサルディは、街で友人にばったり出会うのだが、その友人が、彼に、「死者の日」向けのパペルーチョを準備したかと尋ねる。それに応えて、リサルディが、長編小説を書くのにとても忙しかったので、今年はやめることにしたと言うと、友人は驚き、例年のように、今年も何か書くことを強く求める。読者は恒例のものとして楽しみにしているし、パペルーチョはきっとよく売れ、元が取れて儲けが出るだろうと言うのだ。

つまり、この部分から、この時代の死者の日に、すでにそのような印刷物の需要があったということ、また、単なる儀礼的需要を超えて、人々がそれを楽しみにしていて、「なければ残念」というような感覚を持っていたことがわかる。ここで明らかなのは、たとえリサルディが、物語に教訓めいた要素を加えていたとしても、人々が求めていたのは退屈な説教ではなく娯楽性のあるものだったということだ。

メキシコ国立自治大学（ＵＮＡＭ）の植民地文学研究者エンリケ・フローレス教授は、彼の著書『ペリキージョ・エンブレマティコ（*Periquillo emblemático*）』の中で、リサルディは、教養ある人々だけでなく、「庶民、インディオ、混血、黒人」にもパペルーチョを買ってもらえるよう、口語に近い平易な文体を採用したと記している。リサルディは、単に自分の利益のためではなく、当時公布された「出版の自由法」が人々の間に定着することを願い、国民全体に読書を普及させようという考えから執筆していたのだ。

一八一二年以降、彼がオハを制作・販売し、売上が印刷と流通のコストを上回るように努めていたのは、これを経済的に成り立たせようと考えていたからに他ならない。つまり、彼こそが、メキシコの一般大衆向け商業文学作品の創始者なのである。

もっとも「一般大衆向け」と言っても、この時期は、メキシコが独立し、植民地色が薄まりつつある時期のことだ。だから、対象となる読者層は、「植民地生まれの白人に加えて雑多な人々」と解釈するべきだ。つまり、植民地時代には、特権階級ではありつつ「二流のスペイン人」と見なされていたアメリカ大陸生まれのスペイン人（クリオージョ）だけでなく、「庶民、インディオ、混血、黒人」も対象に含まれているということだ。

他方、スペイン生まれの半島人（ペニンスラーレス）と呼ばれた人々や、クリオージョでも富裕な人々は自分たちの既得権益を守ろうとする立場であって、当然ながら彼の書いたものには共感しないだろうから、彼の想定する読者層からは省かれている。

リサルディは、人々が、新生メキシコの政治的な変化を理解し、その結果に呼応することに主眼を置いていた。つまり、国民が、精神的にも、植民地の軛《くびき》から解放されることを望んだのである。彼の著作には、このような明確な意図が表れていると言ってよい。

リサルディ研究の第一人者リリアン・アルバレスは、その著書『啓蒙主義、教育、そして独立――ホセ・ホアキン・フェルナンデス＝デ＝リサルディの理想（*Ilustración, educación e independencia: las ideas de José Joaquín Fernández de Lizardi*）』[2]の中で、その一例として、一八一二年十一月二十九日のカディス法廷の代表選出のためのメキシコ市議会初の自由選挙に人々が積極的に参加するよう、リサルディが、数日にわたって彼のパペルーチョで熱心なキャンペーンを張ったことを述べている。

リサルディは、メキシコの独立を確固たるものにし、国民文学を発展させる、という明快な理想のもと、政治的なテキストと娯楽的なテキスト（たとえば彼のカラベラ）の両方を制作し、販売したのである。

一方、バネガス＝アロヨ（一八五二－一九一七）は、リサルディが没してから二十五年後に生まれた人物である。当然ながら、この二人の間に、直接の接点はない。

そして、バネガス＝アロヨの一枚刷り（オハ）は、「パペルーチョ」ほどには、政治的でも教育的でもない。「パペルーチョ」という言葉も、この時代には、もう使われていないのだ。

彼のビジネスは、作家ひとりが細々と作って手売りするものではなく、複数の作家や画家を抱えて、メキシコの労働者階級の嗜好に合った印刷物を制作し、ある程度大量に販売することだった。

そのビジネスは、出版の自由法が公布されてから七十年後、人々がすでに読むということの意味を知っていた頃に始まっている。ここで言う「人々」とは、職人、工場労働者、使用人、零細商人といった人たちだ。彼の功績は、このような庶民階級の人たちのために、質の高いテキストとイラスト入りのオハを低価格で提供したことである。これから見る「カラベラ」は、まさに、その一例なのである。

■バネガス＝アロヨのカラベラの起源

ここからは、バネガス＝アロヨの工房で作られていたカラベラについて、見ていこう。

これらの骸骨版画の中で、もっとも有名なのは、すでに何度も述べたように、羽根帽子をかぶって着飾った上流階級と見える女性の骸骨の絵で、カトリーナという名前で知られているものだ（図1）。

メキシコの国民的画家ディエゴ・リベラが一九四七年に描いた有名な壁画「アラメダ公園の日曜の午後の夢」の中央に出てくるのがカトリーナで、ディエゴ・リベラ自身とその妻フリーダ・カロの姿やポサダ本人も描かれている（図2）。

この壁画のモチーフにもなった有名な版画は、一九一三年に出版された。意外に思わ

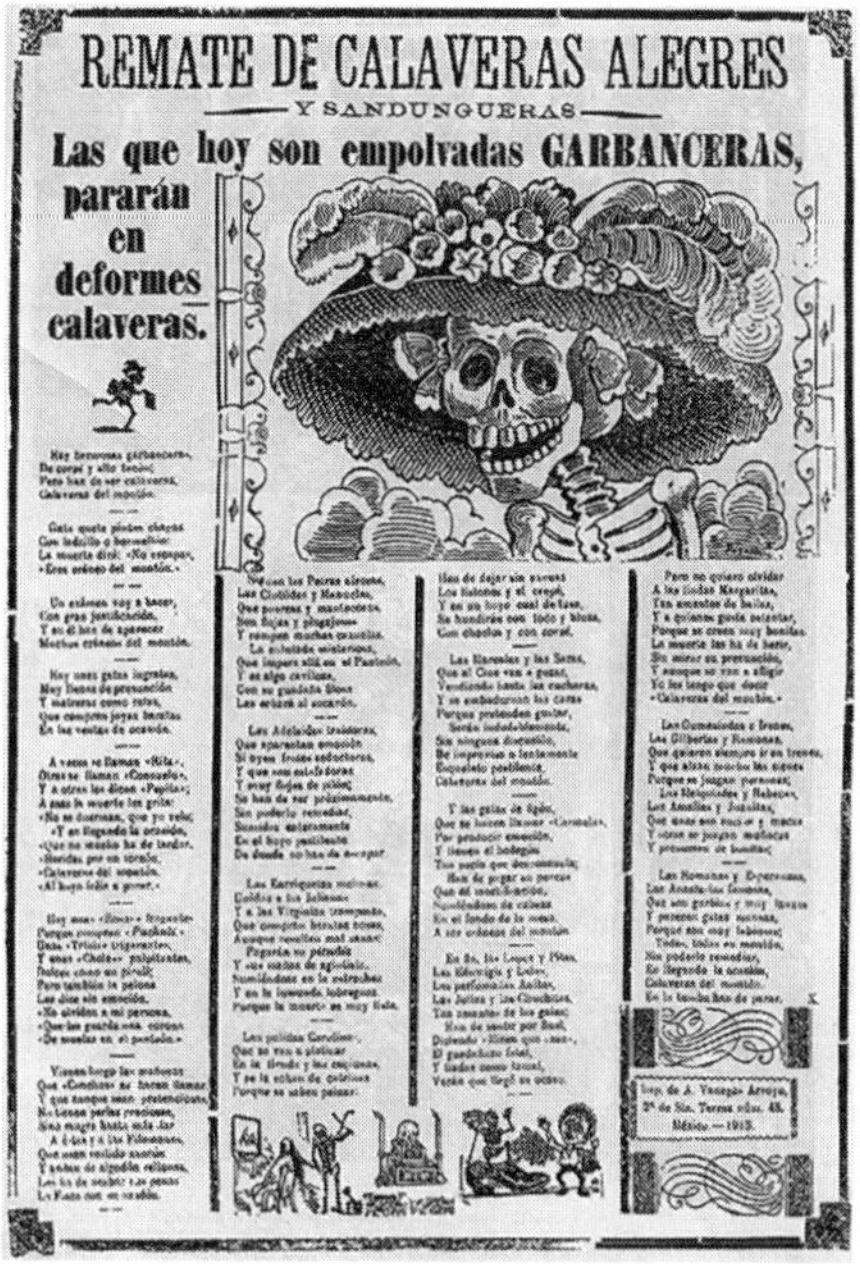
REMATE DE CALAVERAS ALEGRES
Y SANDUNGUERAS
Las que hoy son empolvadas GARBANCERAS,
pararán en deformes calaveras.

図1　「子猫ちゃん、豆売りちゃん、お祭り好きの髑髏」

図2　「アラメダ公園の日曜の午後の夢」

れるかもしれないが、ポサダの死後に世に出た作品で、ある意味、遺作とでも言うべきものなのである。つまり、問題のオハが発行されたのは一九一三年十月のことで、ポサダはその年の一月に世を去っているのだ。

　この初出版の本文で登場するカトリーナの姿は、当時「子猫ちゃん（gatas）」「豆売りちゃん（garbanceras）」「お祭り好き（sandungueras）」などと呼ばれていた、田舎出身で都会に出てきて精一杯着飾る貧しい娘を揶揄《やゆ》するニュアンスで掲載されたものだった。無論、この時点で、彼女には「カトリーナ」という名前はない。

　その後、作者のポサダに係累がいなかったため、バネガス＝アロヨ工房が彼の原版すべてを相続した。そして、一九一八年に、同工房が、この同じ原版を用いて印刷・出版したのが、二枚目の「フィフィの髑髏（La calavera de los fifis）」というタイトルの作品だった。当時、スノッブな金持ちを蔑《さげす》んで、フィフィと呼んでいたのである（図3）。

図3　「フィフィの髑髏」

　挿絵としての版画作品の意味合いは、そこにつけられた本文の内容で逆転する。

つまり、わずか五年の間で、「羽根帽子をかぶった髑髏の娘」は、社会的地位までも真逆のものになったわけだ。

そのイメージが決定的になったのが、ディエゴ・リベラが前書きを書き、一九三〇年に出版されたポサダに関する最初の研究書『ホセ・グァダルーペ・ポサダ――四百六作品のモノグラフ（*Posada Monografía: 406 Grabados de José Guadalupe Posada*）』だった[3]。

それまで、ポサダのすべての作品は、なんらかの活字作品に添えられる挿絵として発表されていた。ここで初めて、ポサダの作品が、それ自体が独立した版画作品として美術的な評価を受けるに至る。そして、この研究書で、この画に初めて、カトリーナというタイトルがつけられたのだ。

カトリーナという女性名は、ここでは、フィフィと同義と考えてよい。つまり、この時点で、完全に、この羽根帽子の女性は、「無理をして精一杯のお洒落をした田舎出の貧しい先住民の娘」ではなく、「都会の金持ちの（スノッブな）お嬢さん」と見なされるようになったのだ。

この命名をおこなったのは、この書の編集者のフランセス・トール、パブロ・オイギンズ、ブラス・バネガス（アントニオ・バネガス＝アロヨの息子）の三人である[4]。

さらに、一九四七年、首から上だけの存在だったカトリーナを貴婦人の衣装をつけた全身像として壁画に描いたのが、メキシコの国民的画家であった他ならぬディエゴ・リベラだったというわけだ。

すなわち、この作品は、美術書や雑誌に何度も掲載されているのを見慣れているので、あたかもずっと有名な上流婦人の肖像であったように思えるのだが、実はまったくそうではなかったのである。

一方、バラハスの研究で判明しているのは、ポサダの描いた最初の髑髏は一八八八年のもので（図4）、カトリーナを思わせるモチーフが最初に登場するのは一八八九年のことだということだ（図5）。いずれも、中流階級向けの雑誌『パトリア・イルストラーダ』の死者の日の特集号の表紙絵として描かれており、ちょうど、ポサダ自身がレオン市の洪水から逃れてメキシコシティに引っ越してきた頃だ。この初期の髑髏絵が陰鬱な雰囲気を帯びているのはそのためだろう。意外なようだが、この二点を除いて、ポサダの手になるカトリーナの版画と呼べるものは存在していないのである。

さて、バネガス＝アロヨの印刷工房に話を戻そう。

エンカルナシオン通りに開設されたバネガス＝アロヨの最初の工房で印刷された、マヌエル・マニージャの挿絵によるオハが確認されていることから、一八八〇年の創業時からすでに

図4 「死者の日特集号（Portada del número de Día de Muertos）」『*La Patria Ilustrada*』誌、1888年11月5日

図5 「死者の日特集号」『*La Patria Ilustrada*』誌、1889年11月4日

同工房で死者の日に販売するオハを制作していたことが明らかになっている。
一八八八年にポサダが首都に来るまでは、このマニージャこそが、同工房の中心的な挿絵画家であり、ポサダが加わったのは、工房がサンタ・テレサ通りに移転してからのことだった。これらの骸骨絵の多くは、サーカスの怪力男が死神と力比べをするというようなたぐいの遊びごころのあるものだ（図6）。

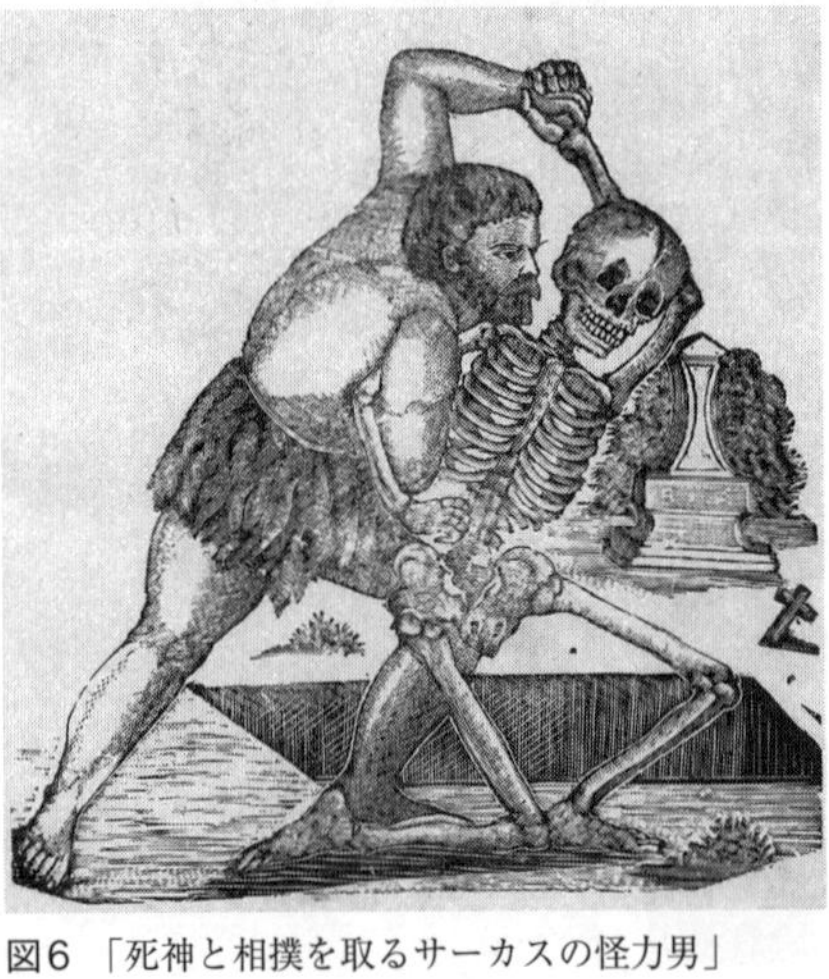
図6 「死神と相撲を取るサーカスの怪力男」

カラベラに関して言えば、ポサダが加わって以後も、添えられている文章は、現世で不真面目に生きた人たち、使いに行ったまま帰ってこない雇い人、弱者を犠牲にして金儲けをする金貸し、手間賃を酒で使ってしまう職人などがあの世に行った、という設定のものがほとんどだ。
「洒落者、酔っ払い、年寄りに子供、召使いたちのドクロのドタバタ騒ぎ（Rebumbio de calaveras de catrines y borrachos, de viejos y muchachos, de gatos y garbanceras）」というマニー

ジャ挿画のオハでは、それは、次のように描写される（図7）。

お使いに行く雇い人
いつも帰りが遅いもの
羽根の一枚より軽く
いつかお墓に埋められる

この世で金を貯めたのは
ものにがめついお金貸し
いずれ墓場に行く時も
金を抱えて行くだろう

手に職を持つ職人も
日銭を全部使ったら
墓に行ったらおしまいさ
誰も参りにさえ来ない

図7　「洒落者、酔っ払い、年寄りに子供、召使いたちのドクロのドタバタ騒ぎ」

真面目に働く者も、うっかり者の例もある。たとえば、この印刷屋や伝令がそうだ。

ここに眠るは印刷屋
世の風雪にさらされて
苦しむことは多けれど
今はここにて安らかに

ここに眠るは伝言屋
伝言忘れてばっかりで
とうとう汽車に轢かれては
穴に埋められお気の毒

文章としては、ウィットに富んだ面白いものも、さほどでもないものもある。しかし、重要なのは、その文章の内容そのものより、死者の日の祭りに、こういった「カラベラ」印刷物を買うことが、すでに庶民の楽しみ方として定着していたということである。

■カラベラが祝祭色を喪失する時代

「骸骨」の絵は、元来、メキシコ庶民の祭りの日の娯楽だったが、時勢によっては、もう少し深い意味を持つこともあった。

一九一〇年から一九一七年にかけて、メキシコでは革命の嵐が吹き荒れる。

一八七七年以来、メキシコ大統領として独裁体制を敷いていたポルフィリオ・ディアスに対する再選反対運動として始まった革命は、武力によるディアス政権打倒を旗印にしたフランシスコ・マデロの呼びかけに呼応するかたちで、メキシコ各地で、南部モレロス州のエミリアノ・サパタ、北部チワワ州のパンチョ・ビジャ、コアウィラ州のベヌスティアノ・カランサ、ソノラ州のアルバロ・オブレゴンらが次々に蜂起する。

ここで紹介するオハは、一九一一年十月のものだ。この年は、メキシコ国民にとって、独裁者ポルフィリオ・ディアスの辞任と追放という政治的激動の年だった。そのような状況下で、十一月初旬にマデロを大統領の椅子に座らせる大統領選挙が行われようとしている。このオハで描かれる、新体制の政治家たちは、民衆をより良い生活へと送り出すものとして描かれ、骸骨の姿とはいえ、風刺ではなく、むしろ愛情を込めたユーモアとして表現されている（図8）。

しかし、そのような楽観的な希望はすぐに覆されることとなった。

革命に理想があったことは、もちろん間違いのない事実だが、しかし、各地で有力者たちが蜂起したこの革命の目指すところは同床異夢でもあり、その後の革命の趨勢は、庶民にとっては、メキシコ人同士が血で血を洗う内戦となってしまったのが実態だった。

そして、その内戦の中で、最終的に権力を握ったのが、富裕層出身のカランサだったのである。

これから紹介する髑髏絵は、風刺絵というほどの批判色があるわけではないが、当時の人々の恐怖、苦悩、不満がそのまま反映されている。革命がもたらした社会的変化を十分に理解するに至らないまま、自国を襲う混乱に直面した人々の絶望を反映したものと言えるだろう。

ユーモラスな愛情に満ちたマデロの大統領就任を期待するオハが出された七年後の

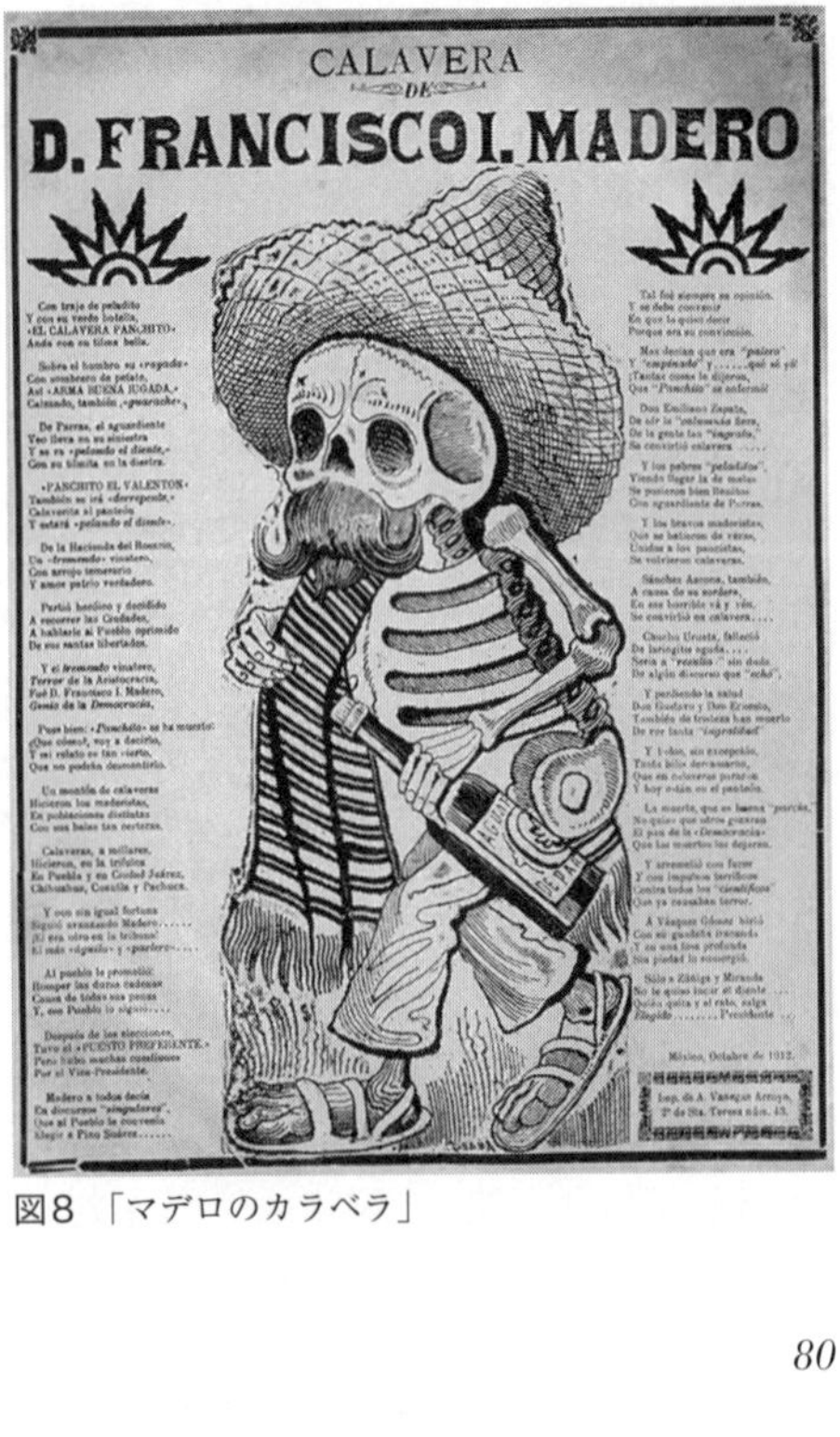

図8「マデロのカラベラ」

一九一八年の「空飛ぶ骸骨（La calavera aviadora）」（図9）のマニージャの絵には、もはや楽しさや期待感はかけらもない。内戦による疲弊で、民衆が笑う元気すらない時代のもので、次のような内容だ。

空飛ぶ骸骨は、天を駆ける

空の上から、下を見て
なにからなにまで、お見通し
たとえ急いで飛んでても
この骸骨には、お見通し

大金持ちはテーブルで
豪華なご馳走食べている
貧乏人は泣きながら
家なしパンなし薪《たきぎ》なし

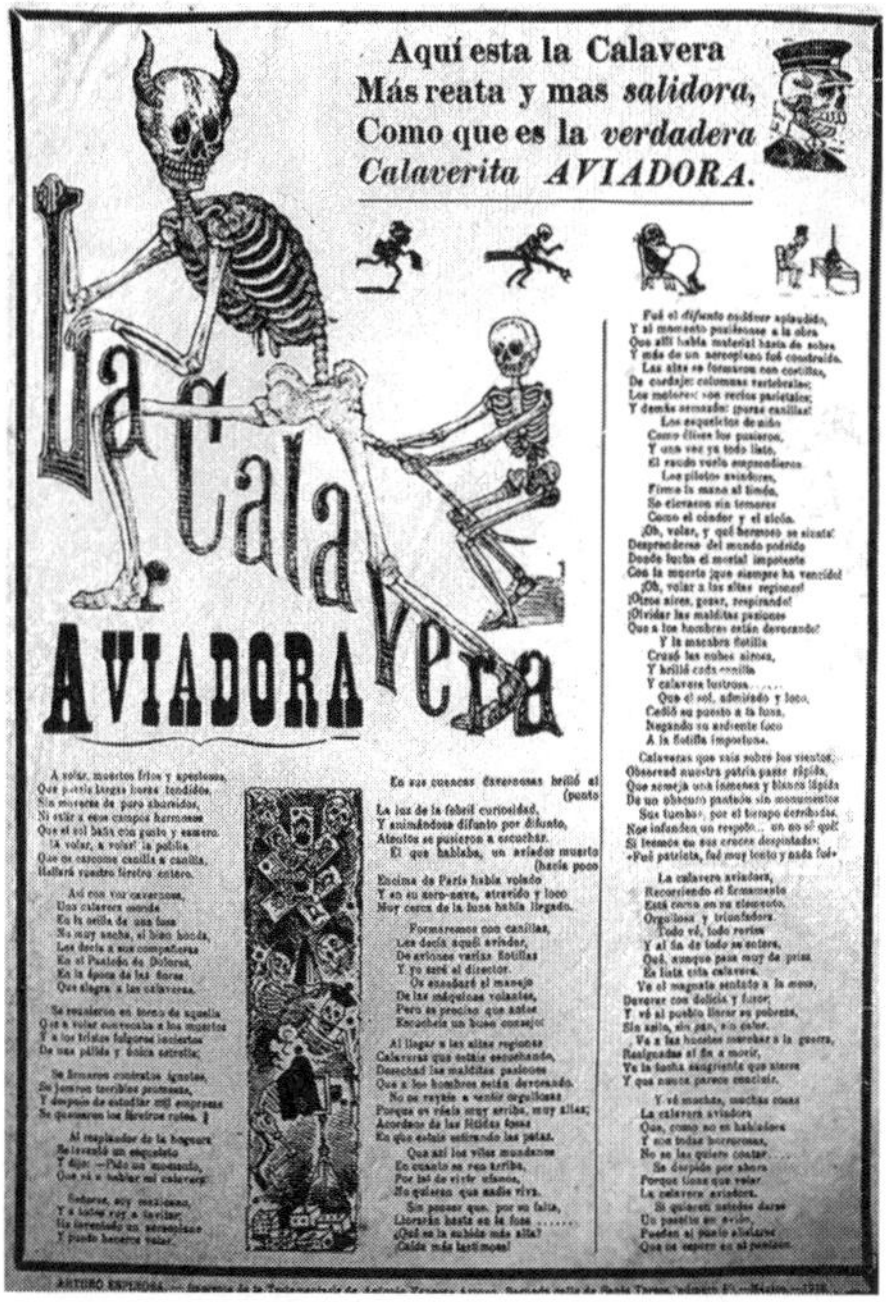

図9 「空飛ぶ骸骨」

こういったシリアスな内容は、まさに当時の社会状況の反映と言っていいだろう。この種の悲観的なオハはけっして多くはないのだが、とはいえ、革命期の国民の不安感が、そこに反映されていたということだ。

「一九一七年五月、第一統領（カランサ）は憲法上の大統領になった」と歴史家のエンリケ・クラウゼは書いている。「名目だけの政府の三年間、軍事面でも、社会面でも、国際外交でも、道義的にも、平和などはなかった。革命は終わっていなかったのだ。［中略］経済の見通しは、これ以上ないほど悲惨なものだった。内外の信用がなく、七億五千万ペソ近い巨額の借金を抱えた政府は、底なしの軍事費をやっとまかなっているような状態だった。失業者は増大し、稼働している鉱山はわずか十二％であった。憲法が制定された一九一七年は、メキシコの農村にとって悲惨な年だった。凶作の上、穀物の輸入ができなかったため、飢饉が発生したのだ。その上、黙示録に書いてあるような疫病や戦争も降りかかった。［中略］この国はまだ広大で、統治不能な田舎であった。モレロスの山中では、サパタが粘り強い革命を続けていた。」[5]

さらに同書はこう続く。

「プラン・グアダルーペ合意によれば、ビクトリアノ・ウエルタの打倒は立憲主義の勝利を意味し、少なくとも建前上は革命の終わりを意味するはずだったが、実際には、ベヌスティアノ・カランサは革命の第一統領であったものの唯一の統領ではなかったので、それは始まりにすぎなかった。パンチョ・ビジャとエミリアノ・サパタという二人の著名な地方リーダーが彼の権威に従うことを拒絶したからだ。」[6]

メキシコ革命で、マデロが独裁者ディアスを追放した後、ディアス残党の討伐を任されていたビクトリアノ・ウエルタは、駐墨米国大使やディアスと密約を結んで、ディアス側に寝返り、マデロを逮捕し殺害して、自分が大統領に成り上がって軍事独裁を始めるが、一年半後、革命側のアルバロ・オブレゴンとベヌスティアノ・カランサに敗れ、亡命する。プラン・グアダルーペ合意とは、そのウエルタ政権が非合法なものであったとして排除し、平和を取り戻した後に選挙を実施することを宣言するという文書のことだ。

バネガス＝アロヨのオハは、このような時代背景を反映した、政治の悲観的な側面を描き出す。たとえば、「市議会のカラベラ（La Calavera del Ayuntamiento）」というオハで示されているのは、あからさまなポルフィリオ・ディアスの時代への憧れだ。図9の空飛ぶ骸骨の絵と同じ原版を用いながら、添付の文章では、「民主主義」出現後のメキシコの無秩序状態を指摘、ポルフィリオ・ディアスの社会は、正義はなかったかもしれないが、秩序はあったとして、「ボルシェビズム」や盗賊団といったものが国家を浸食している状態を嘆いている（図10）。

庶民目線で、こんなことになるなら独裁者の時代のほうがまだましだったと感じ、マデロがもたらすはずだった民主主義にもはや期待もできず、血で血を洗う内戦が続いた過酷な時代を、大きな懸念をもって見ていたとも言えるのである。

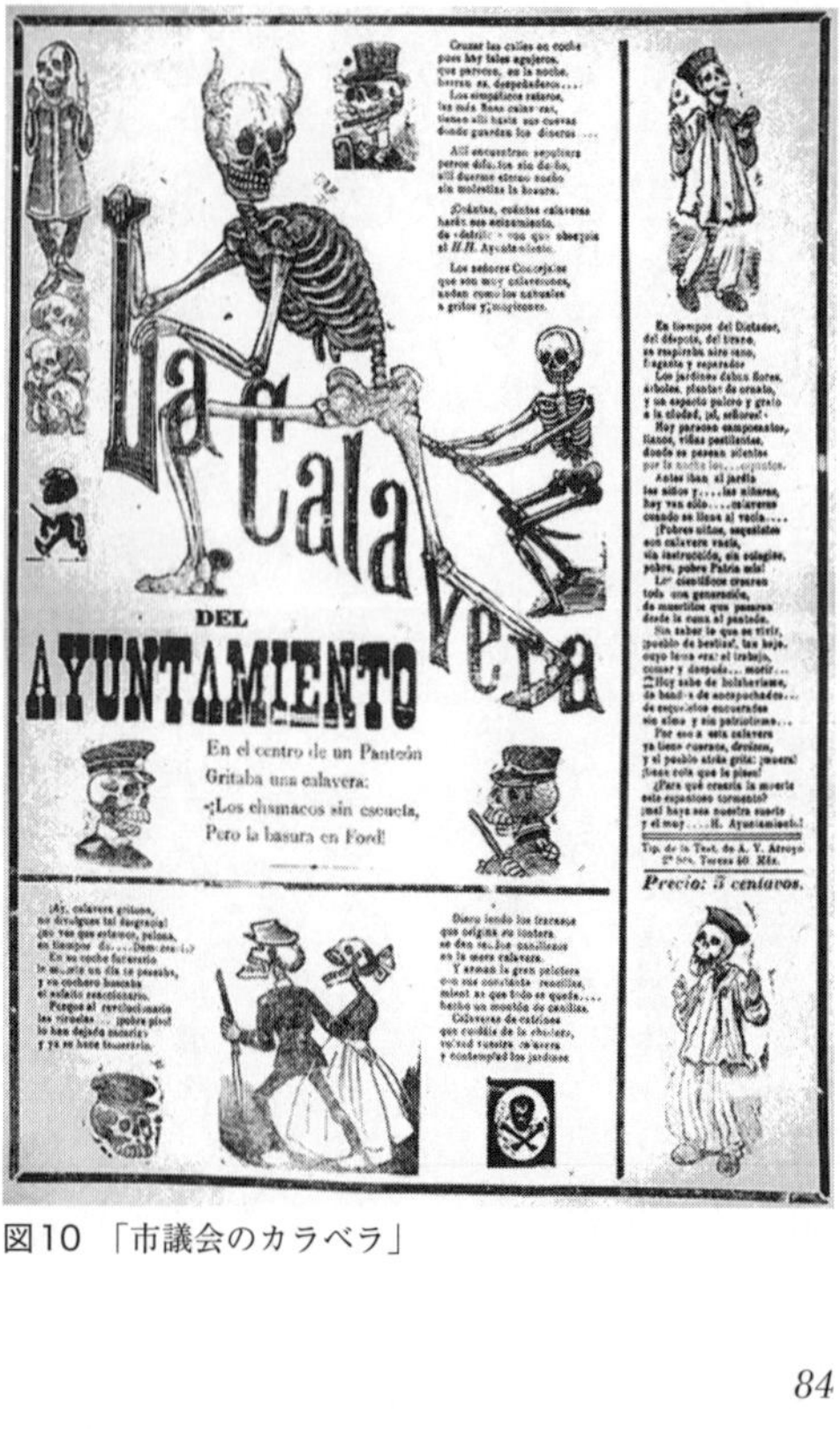

図10「市議会のカラベラ」

政治風刺とは別に、カラベラが暗い時代背景を反映したオハも一点挙げてみよう。

一九一八年に出版された「世界を震撼させているスペイン風邪がここにもやってきた！（Ya está aquí la calavera que armando mitote y bola, ha asustado donde quiera, la de la influenza española)」だ（図11）。

カラベラものとしては珍しく、人間の頭蓋骨を持つ恐ろしいタランチュラのイラストが描かれ、スペイン風邪が民衆に与えている大惨事を語っている。

まるでアンデス山脈のよう
そうして天に昇ってく
墓場にあふれ
髑髏が山ほど

（中略）

お偉い細菌学者さま
なにか装置を発明し
跋扈《ばっこ》する黴菌を封じ込めよ
そうでもしなけりゃ
スペイン風邪のカラベラは
この地球を
無人の球体にしちまうぞ

図11　「世界を震撼させているスペイン風邪がここにもやってきた!」

言うまでもなく、スペイン風邪は、一九一八年から一九二〇年にかけて、全世界的に猛威を振るったインフルエンザの通称だ。米国を皮切りに、欧米諸国が第一次大戦下の不衛生な環境にあったせいもあって、全世界で五億人が感染し、一億人が死亡したとされる（スペイン風邪と命名されているが、実際にはスペインで発生したものではない）。

この年、一九一八年十月に船でベラクルスに到着した第二波のスペイン風邪は、メキシコ湾からメキシコシティを含む全国へあっという間に拡散した。革命後の八年にわたる武装闘争で国土が荒廃していた時期だけに、メキシコの死者数は、（当時の人口推定千四百万人中）三十万人から五十万人と言われ、まさに惨禍と言えるものだった[7]。

この挿絵は作者不明で、ポサダでもマニージャでもない。しかし、彼らの死後にも、髑髏をモチーフにしたオハの挿絵が作られ続けていたことを証明するものである。

■あの世の理想化——骸骨と反転した世界

さて、少し脱線したが、カラベラと「死者の日」という主題に戻ることにしよう。

ここでは、オハの作者が想像力を働かせ、時には理想的と思えるような「死後の世界」のイメージをどのように作り上げていったのかを見ていこうと思う。

興味深いのは、死者の世界が、現世とは正反対の世界であるというイメージがはっきりと描かれているオハがいくつもあることだ。

いくつか例を挙げてみよう。

最初の一枚は、一九一三年発行の「カラベラの大舞踏会（Gran baile de calaveras）」で、二枚目は、「カラベラが運命の夜に見る夢、もう乾きに苦しめられることはない（Un calaverón enteco soñaba en noche fatal lo que pudo comprobar que ya no hay estado seco）」。三枚目は、一九一一年発行の「カブレラとサパタが骸骨になった（Cabrera y Zapata se volvieron calaveras）」だ。

一枚目は、来世が喧嘩も嫉妬も裏切りもない牧歌的な世界というファンタジーを紙面で表現している（図12）。

現世が不平等で非民主的で憎しみに満ちた世界だとすれば、死者の世界は公平で民主的で友好的である。このオハの「カラベラの大舞踏会」は、「来世」の楽しいイメージを与えてくれるものだ。オハの説明によると、来世には「お金が存在しない」ので、「腐敗」も「社会階層」もなく、人々の間に争いはない。そこでは、最底辺の物売り娘が、もっともエレガントな「良家の子息」とカップルになって踊ることだってできるのだ。

つまり、現世では感情と金というものが人々を引き裂いており、来世では人々が結びつくからこそ美しいというメッセージだ。

そこにあるのは公平さ
大人も子供もみな同じ
金持ち貧乏、区別なく
死んだら同じ、極楽さ

この世の中の習いでは
金が諸悪の根源だ
けれども死後の世界では
身分も家もありゃしない

飯炊き女のお隣に
金持ち坊ちゃんいらっしゃる
死んでしまえば仲良しだ
みんなで同じ骸骨さ

図12 「カラベラの大舞踏会」

嫉妬もなければ裏切りも
涙も情も置き去りに
ここにあるのは心だけ
愛情だけが深くある

楽しい話と歌声に
踊りを踊って音楽会
死者は楽しく夜を過ごす
死者の日の夜も同じこと

二枚目のオハは、さらにコミカルで笑いを誘う。現実世界でのアルコールの販売を禁止する法律が、死後の世界では適用されないことが示される。死者の世界は生者の世界の反対なのだからかまわない、という論理なのだ。ポサダの版画はとても絶妙で、墓地で酒盛りをする髑髏はとても幸せそうに描かれている（図13）。

図13　「カラベラが運命の夜に見る夢、もう乾きに苦しめられることはない」

三枚目のオハも、大変興味深いものだ（図14）。

残忍な嫌われ者が「あの世」にやってきたことを表現した「カブレラとサパタが骸骨になった」というオハで、一九一一年に発行されている。

当時、軍人兼警察署長ミゲル・カブレラの評判は最悪なものだった。独裁者ディアスを暗殺しようとして失敗し、逮捕されたアルヌルフォ・アロヨを、法で裁かずに残虐に撲殺したことは、誰もが知るところだったからである[8]。

そんなカブレラが死んで、あの世に行くとどうなるか。

みんながじっと待っていた
地獄の門のかたわらで
手に手に持つは棒っきれ
カブレラ叩く、そのために

やがてカブレラご到着
シルクハットをおつむりに
ステッキ持ってしずしずと

けれど誰かが突き飛ばし
転がり落ちる絹帽子

待ち受けたるは被害者ども
アルヌルフォ・アロヨ皮切りに
穴に落ちたら、こっちのもの
いざ目に物を見せてやる

お前の仕業は明白だ
被害者たちが待ち受ける
極悪非道なその仕業
暴君ネロに匹敵す

皆カブレラに投げつける
手の骨、背骨、足の骨
犠牲者たちが次々に

図14「カブレラとサパタが骸骨になった」

臓物、脳みそ、投げつける

驚き慌てるカブレラは
怒りの前におびえきり
声を限りに叫び出す
おびえた声で叫び出す

許したまえと骸骨に
命を奪った罪ならば
あの世に送った罪ならば
悔い改めたと許し乞う

不幸な者へ許し乞う
警察にいたそのために
待っているのは暗い穴
虫に食われるそのさだめ

このオハは大変不思議で、カブレラに対する反感も、死の残酷さの前では薄められてしまうように見えることだ。ウジ虫に食われるカブレラは、人間にとってもっともひどい刑罰を受けていると言える。現世で権力をほしいままにしていた彼が、夢にも思わなかったような扱いにさらされるのだ。

さらに、あの世で孤立して誰にも守ってもらえないカブレラは、小さくなって慈悲を求める。つまり死とは、弱者にとっては喜ばしい世界に行くということだ。しかし、付け加えておくと、けっしてメキシコ人にとって、本物の死がありがたいということではなく、あくまで、死者の日の絵に描かれたファンタジーとしての「死」が、飢えも不平等も屈辱もない、理想の世界であるということだ。

■大衆文化の資料としてのカラベラ

これまで見てきたように、大衆向け印刷物であるオハは、挿絵と文章を併せ持つことで、十九世紀末から二十世紀はじめのメキシコの大衆文化や庶民の感覚がよくわかるものとなっている。

そこには庶民の生活や風俗や習慣が描かれ、人生観や労働観、結婚観といったものまで文章で具体的に語られている。

死者に捧げられたカラベラだけでも、非常に多様な内容が観察されるのは、それらが、庶民のために庶民の目線で描かれたからだ。もちろん、メキシコの人々にとっての「死者の日」が、何世紀にもわたって維持され、庶民によって守られてきた祭りであることの証なのだが、大衆文化を研究する上でも貴重な資料である。美しい挿絵だけではなく、ほぼ四十年にわたって数知れない作家が執筆した文章から垣間見えるその世界は、興味が尽きない。

そこで、次章では、そういったバネガス＝アロヨ工房のオハからわかる、当時のメキシコの世相を見ていくことにしよう。

参考文献

Álvarez de Testa, Lilian, *Ilustración, educación e independencia: las ideas de José Joaquín Fernández de Lizardi*, UNAM, México, 1994.

Barajas Durán, Rafael "El Fisgón", *Posada: mito y mitote: La caricatura política de José Guadalupe Posada y Manuel Alfonso Manilla*, Fondo de Cultura Económica, 2009.

Fernández de Lizardi, José Joaquín, "Anatomía o disección moral de algunas calaveras", in Palazón, María Rosa (ed.), *Los imprescindibles: José Joaquín Fernández de Lizardi*, Ediciones Cal y Arena, México, 2001, pp. 134-142.

Flores, Enrique, *Periquillo emblemático: Voces, estampas y lecturas,* UNAM, Instituto de Investigaciones Filológicas, México, 2009.

Gómez Dante, Octavio, "El 'trancazo', la pandemia de 1918 en México", *Salud Pública Mex,* Vol. 62, No. 5, Ago, 2022, pp. 593-597.
<https://www.saludpublica.mx/index.php/spm/article/view/11613/11887> ［最終閲覧日 May 19, 2023］

Hasegawa, Nina, "Las mujeres de la clase humilde capitalina en los impresos de Vanegas Arroyo", *Bulletin of the Faculty of Foreign Studies, Sophia University,* No. 51, Mar 2017, pp. 125-159.

Krauze, Enrique, *Puente entre siglos: Venustiano Carranza,* Fondo de Cultura Económica, México, 1987.

Lomnitz, Claudio, 2014. "La trama del primer linchamiento en México", *Nexos,* Dic 2014. <https://www.nexos.com.mx/?p=23484> ［最終閲覧日Nov 5, 2022］

López Casillas, Mercurio, *Manilla: Grabador mexicano,* Editorial RM, México, 2005.

Toor, Frances et al. (ed.), *Monografía de 406 grabados de José Guadalupe Posada, Mexican Folkways,* Talleres Gráficos de la Nación, México, 1930.

Vanegas Arroyo, Imprenta de A."Remate de calaveras alegres y sandungueras", 2da. de Santa Teresa 43, México, 1913.

Vanegas Arroyo, Testamentaría de A., "La calavera de los fifís", 2da. de Santa Teresa 40, México, 1918.

Vanegas Arroyo, Testamentaría de A., "Rebumbio de calaveras de catrines y borrachos, de viejos y muchachos, de gatos y garbanceras", 2da. de Santa Teresa 40, México, 1918.【本書ではＢＮＭ蔵

のオハを使用】

Vanegas Arroyo, Imprenta de A., “Calavera de Francisco I. Madero”, 2da. de Santa Teresa 43, México, 1912.

Vanegas Arroyo, Testamentaría de A., “Calavera aviadora”, 2da. de Santa Teresa 40, México, 1918.

Vanegas Arroyo, Testamentaría de A., “La calavera del Ayuntamiento”, 2da. de Santa Teresa 40, México.

Vanegas Arroyo, Testamentaría de A., “Ya está aquí la calavera, que armando mitote y bola, ha asustado donde quiera, la de la influenza española”, 2da. de Santa Teresa 40, México, 1918.

Vanegas Arroyo, Imprenta de A., “Gran baile de calaveras”, 2da. Santa Teresa 43, México, 1913.

Vanegas Arroyo, Testamentaría de A., “Un calaverón enteco soñaba en noche fatal lo que pudo comprobar que ya no hay estado seco”, 2da. de Santa Teresa 40, México.

Vanegas Arroyo, Imprenta de A., “Cabrera y Zapata se volvieron calaveras”, 2da. de Santa Teresa 43, México, 1911.

【注】

1 Palazón, pp. 134-142.

2 Álvarez, pp. 127-130.

3 Toor, Frances et al. 参照。

4 ロペス＝カシージャスの説明による。

5　Krauze, pp. 133-134 参照。
6　Krauze, p. 53 参照。
7　Gómez-Dantés 論文参照。
8　Lomnitz を参照。

第4章
印刷物から見える十九世紀末のメキシコ市民像

本章では、ポサダの絵と軽妙な文章でバネガス＝アロヨ工房の印刷物に描かれた十九世紀のメキシコの人々の暮らしがどういったものだったかを見ていくことにしよう。ここには、兵士、警官、靴修理、鶏肉屋、ゴザ売り、トルティージャ売り、賄い婦、水運び、遊び女、召使いなど、あらゆる種類の人々が登場する。

■兵士や警官の不幸な生活について

オハの中に兵士や警官が登場する時には、必ずと言ってよいほど、自分の仕事がどれだけ大変かを訴えるのが定番となっている。

奥付が一九〇〇年代終わり頃と記されているオハ「ロス・アンヘレスの聖母の祭り――警官

の聖歌隊（Luces de los Ángeles: Coro de gendarmes）」（図1）が、その典型的な例だ。これは、毎年行われるロス・アンヘレスの聖母の賑やかな祭日の出来事を描いており、「警官の聖歌隊」とは、警官たちが過酷な任務に直面して声をそろえて嘆くことを指している。つまり、他の人が楽しんでいる祭日に、彼らの仕事は倍増するというのだ。

このオハの挿絵に署名はないので、ポサダの手によるものかどうかは定かではないのだが、警官たちは操り人形のように描かれている。
それでは、彼らの不満とは何なのか、彼ら自身の声で聞いてみよう。

祝祭日の時にこそ
何がつらいと申しましょう
余分な仕事で寝る間もない！

徹夜明けのその挙げ句
隊列パレード組まされて
炎天下でも我慢して
土砂降りの中、耐え忍ぶ

午後になったら見世物に
スリ・コソ泥が商売を
始めないよう警戒に

見世物警護に当たらなくて
花火の時に見かけなければ
どこにいるかはお察しを

ここでわかるのは、祭日のメキシコシティで実際にどのようなことが起こっていたかということだ。

まず、警官は「炎天下」と「土砂降り」のことを語っているが、これはロス・アンヘレスの聖母の祭日が雨季にあたることを示している（本文には書かれていないが、八月二日である）。また、当時、たいへん好まれていた野外の見世物について言及され、宗教的な祭りの時に打ち上げられる花火のことも語られている。さらには、祭日に、街に群がるスリやコソ泥のことも語られている。

LAS
Luces de los Angeles

CORO DE GENDARMES.

Er las fiestas nacionales
Lo que tengo que sufrir!
El servicio extraordinario
No nos deja ni dormir!
Además de la velada,
Vamos á la formación,
A aguantar una asoleada
Y después un chaparrón;
Y en la tarde á las *maromas*
Ojo alerta *pa* evitar
Que los ratas se aprovechen
Y comiencen á robar.
Y al que no le toca en suerte
Las maromas vigilar,
El que no se halla en los fuegos
Usté sabe donde está.

Pues cuidando de los teatros,
Muy parados se les vió
Atendiendo á que los hombres
No infringan la *prohibición*
De fumar sus cigarritos
En las bancas del salón,
Baje pena de llevarlos
A dormir á la Inspección.
¡Ay!...que suerte tan chaparra
Què… modo de trabajar
¡Ay!…al pobre del gendarme
No lo dejan ni dormido
Que se ponga á descansar
—¡Qné te mira el Aguilita!
—¿Qué me tiene que mirar?
—Que si no te encuentra avispa
Te remite al Principal
¡Hepa! no te estés durmiendo!
—Adiós! también me desvelé!
—!Jé, jé, jé! Qué bonito!
Si no guarda compostura
Lo llevamos á Belén.

¡Ay! qué desgraciado
Me tocó nacer!
!Siempre desvelado,
Siempre sin comer,
Siempre en las esquinas,
Siempre sin dormir,
Siempre á la intemperie
¡Ay! pobre de mí!
Para mí es lo mismo
El frío que el calor;
Vamos al relevo
La hora se llegó.

図1　「ロス・アンヘレスの聖母の祭り——警官の聖歌隊」

このオハでは、警官のもう一つのいやな仕事が、公演日に劇場を警備することだとしている。その理由も見てみよう。

劇場警備をするために
突っ立ってなきゃならないぞ
紳士がたがホールの椅子で
タバコを吸ったりしないよう
留置場へとしょっぴいて
一夜の勾留、警告し

ここにも、警官の悲しい現実が反映されている。

長時間立ちっぱなしで働き、「留置場に連れて行って一夜留め置く」と警告して「紳士たち」（当然ながら「金を持っている階級」である）を監視しなければならないことだ。

ディアス政権時代の上流階級とは、大統領に非常に近く、社会的影響力のある傲慢な人々ばかりだった。一方、警官はと言えば、こちらは所詮庶民階級の出身にすぎないから、「紳士たち」は、彼らの権威など歯牙《しが》にもかけない。そのような状況は、警官にとって非常に心理的ストレスが強いものだったに違いない。いくら制服警官であっても、社会が階級主義的で人種差別的なのだから、制服警官は常に二つのリスクを負っていることになるからだ。

すなわち、警官たちが権限を行使しようとすれば、常に二律背反に立たされる。仕事をしなければ叱責されるし、したとしても叱責されるのだ。

言うまでもなく、ディアス政権下では、出版物で「近代的な」公安システムに疑問を呈したり、その矛盾を語ったりしたら、下手すれば投獄される危険を犯すことになる。バネガス＝アロヨはそこまでのリスクを冒すことはしないが、こういった形で警官たちの心情を浮き彫りにすることで、やんわりとした社会風刺を行っていると言える。たとえば、警官がもし幸せなら、けっして次のようなことは言わないだろう。

ああなんて辛いんだろう
生まれてきたのが間違いだ
いつでも徹夜で、ろくに食えず
いつでも街角、ろくに眠れず
野ざらしの俺、なんと哀れ

警官たちの生活がブラック労働極まりないことは明らかだ。これが警官の暮らしだとしたら兵士たちはどうなのだろうか？

そこで、「とある兵士の暮らし（La vida de un soldado）」（図2）を見てみよう。「大衆歌謡集」シリーズ第十九編のメキシコ物語歌で、兵士の暮らしが似たような調子で描かれている。

こちらの銃剣を振り上げる兵士の挿絵は明らかにポサダの作品だ。上部の楽器や楽譜の絵と共に飾り文字で書かれた「Cancionero Popular」とは歌本のことで、当時、物語歌などの歌詞を安価な値段で、街頭で売っていたものである。この文章も、非常に長いものではあるが、韻を踏み、ラメントと呼ばれる嘆きを語る物語歌の一つである。

兵士は次のように嘆く。

俺は不幸に生まれつき、
宣教師のような人生を
ただただ悲しく過ごすばかり
首都に着くなり兵舎送り
制服着せられ大統領宮に

連れて行かれて任命された

半年間は新兵と呼ばれ
新人として教えられた
武器の演習、取り扱い
主に行進のやり方を

五年間は契約に縛られ
泣くにも泣けず

（中略）

神がそのように定められた
苦労ばっかり、仕事は山ほど
親を亡くしてからというもの

（中略）

兵卒なんて誰もなるべきじゃない

HOJA NUM. 19

EL CANCIONERO POPULAR

LA VIDA DE UN SOLDADO.

Pido permiso á todita la reunión,
A mis amigos se los pido para que cante,
Aquellos gustos y trabajos que en la vida
Y alternativas tiene un hombre transitante.
Soy desgraciado y mi destino es transitar,
Pasar la vida yo de un triste misionero
Para explicarles es necesario cantar
Que fuí soldado y consignado con esmero.
Desde el momento en que yo fuí prisionero
Y sin saber lo que de mí me iba á pasar,
Vive sufriendo y pasando muchos trabajos
Hasta llegar á esta hermosa capital.
Más al llegar fuí remitido á un cuartel
Ya con el fin de hacerme militar
Y me vistieron con todo mi uniforme
Para llevarme á Palacio á justificar,
Duré seis meses y á mí me decían recluta
Porque era nuevo y á mí me tenían que enseñar
El ejercicio y el manejo de las armas
Principalmente el modo de marchar.
Se llegó el día en que yo me cautivara
Durar cinco años y sin modo de llorar,
Al fin soy hombre y no nomás con eso pago;
En este mundo tengo yo más que pagar.
Justo es pagar lo que se debe
Porque Dios, pues, así lo ha decretado,
De andar sufriendo y pasando muchos trabajos
Desde el momento en que mis padres faltaron.

図2 「とある兵士の暮らし」

大嫌いなやつですら
軍隊というのはそういうところ
大隊にいたって後悔するもの

この通り、下っ端の兵士は自分の人生を選び取ることができていない。彼は、起こったことをすべて受動的に説明し（「私は派遣された」「服を着せられて連れて行かれた」「新兵と呼ばれた」「教えられた」）、それだけでは足りないかのように、彼は「宣教師のような人生をただ悲しく過ごすばかり」と断言する。実際には宣教師は好きでそのような人生を選んでいるわけだから、受動的な彼の人生とは同じではない。つまりここで、宣教師のような人生を送るというのは、家族や故郷から切り離された遍歴生活を強いられるということだ。

そして、彼は、「後悔し」「誰もなるべきじゃない」ような人生を歩んでいる。「大嫌いなやつでさえ」というのは、かなりのことだ。

警官と同様、彼のような兵士たちも、庶民階級に属している。常にもっとも単調で、もっとも困難で、もっとも危険な仕事をしなければならないのは彼らなのだ。

さらに、別のオハのモノローグ「十字架に向かう父なるイエスに捧げる祈り（Loa a Nuestro Padre Jesús de las tres caídas）」（図3）に見られるように、彼らは常に上官を恐れている。

閉じ込められたこの暮らし
明け方になりゃ起こされる
起床ラッパのその音で
まだ明けもせぬその前に
兵卒共は大急ぎ
身なりを整え用意する

点呼のあとは銃かまえ
さあ訓練を始めよう
どんなに寝坊したくても
ゆっくりしてはいられない

「まだ夜が明け染める前に」起きて、大慌てで「身なりを整え、点呼を受け、銃器を備え、訓練をしに」行かなければならないと書かれている。確かに楽ではないだろう。同じ兵卒は、さらに次のように述懐する。

図3 「十字架に向かう父なるイエスに捧げる祈り」

自分でも気が変になる
ぜんぶ慌ててやるうちに
神のさだめというけれど
上官に二列に並ばされ
とってもひでえ扱いで
さっさとやらねえものならば
そのあと棒で叩かれる
体がよじれるほどひどく

このオハの物語詩の文法とスペルは、正統的なスペイン語から見ればひどいものだ。しかし、これは、この文章の執筆者や発行者に教養がなかったからではなく、あえて庶民の俗語的表現をそのまま用いて語らせるという手法をとっているからだ。

それだけに、志願して入隊してしまったことを後悔している、貧しい地方出身の（先住民出身で、おそらくスペイン語が母語ではない）兵士の心情が生々しく窺える。

兵士も警官も職業の選択を誤ったようだ。きつい仕事を強要され、どう見ても幸せそうではないからだ。このような暮らしは暮らしとは言えない。警官は拙いスペイン語で言う。「気が狂いそう」と。

バネガス＝アロヨのオハには、村から出稼ぎに出かけた男の心情を語ったものもある。立場はまったく違うものの、彼の嘆きは先ほどの兵士の嘆きと非常によく似ている。

「バジェ・ナシオナルにひっかかった男の悲しい愚痴（Tristísimas lamentaciones de un enganchado para el Valle Nacional）」（図4）というオハに登場する男は、次のように語る。

ここでは、ポサダは、服装や履き物から貧しい農民とわかる男が、バジェ・ナシオナルで体験したことを皆に伝えている様子を漫画のように描いている。

ああなんてこったい
バジェ・ナシオナルの話に引っかかった
1日1ペソくれて
良い待遇だと言われたのに
確かに金はくれるけど
でもなんてひどいんだ

メキシコシティで
飲んだくれてる方が良かった
最初はとても喜んだ
車で連れて行ってくれたから
連中は俺に五ペソをくれた
だから雇われたわけさ

（中略）

ベレンの刑務所の
独房にいる方がまだマシだ
食事はくそ不味くて
ひでえものだが

たとえ刑務所でも
貧乏人をここまでこき使わない
それが一番イヤなところ

TRISTISIMAS LAMENTACIONES
DE UN ENGANCHADO

PARA

EL VALLE NACIONAL

¡Ay! **onde** me la iba a espantar
Lo que era ser enganchado
Creí que todo era Jauja;
Llegar y besar al santo

Pero **mano** ¡qué esperanzas!
Yo que pensé mejorar!
Pos ha salido el remedio,
Mas **pior** que la **enfermedá**.

¡Ah que bien me encampanaron
Para el Valle Nacional
Peso diario me ofrecieron,
Y una vida como no hay.

Es cierto que me lo dan
¡Pero qué duro manito!
Mejor estuviera en México,
Dándole recio al pulquito.

Al **principio** qué contento!
Hasta en coche me llevaron
Y cinco pesos me dieron
Quedando así contratado.

Se trabaja muy refuerte;
Todo el día en el tabaco,
Ya me duelen las caderas;
Me van a **golver** cigarro.

Y no poder repelar
Ni quejarse con ninguno,
Pos hora sí la pitamos
¿Quién me manda ser tarugo?

Hora sí que como dicen,
O se bebe o se derrama!
Que no puede uno sacarse,
¿Pos qué se entiende contrata?

Mejor me hubiera enganchado
Con gancho de carnicero!
Pos estubiera más bien
Colgado como carnero!

De la patada me va
En este lugar malvado
Pensé que esto era muy **peche**
Y en esto que quedé chato.

Mejor está uno en la **chinche**
En la cárcel de Belém
Comiendo torito en caldo
Y **gamuza** con café.

Siquiera allí no lo fuerzan
Al **probe** pa que trabaje;
Esto es lo que me **rechoca**,
Por lo demás..., pos no le hace!

図4「バジェ・ナシオナルにひっかかった男の悲しい愚痴」

ほかはまあ、ともかくとして
汗がひどくて
泥まみれ
（中略）
それからひどい虫がいっぱい
ずっと噛まれっぱなし

「ラ・バルカ」とか「インフィエルノ」
「ラ・ゲラ」や「ラ・パランカ」で
呑んでたプルケ酒は
どこに行っちゃったんだ
日曜日に中央広場やら
サンタ・アニータで
一緒に出歩いてたお手伝いの娘たちは
いったいどこに行っちゃったんだ

ここにはそんなものはなにもない
ただただこき使われるだけ

彼にとって、メキシコシティは、庶民の楽園であるようだ。適度な仕事、プルケ酒、遊びに行ける場所や誘って連れ歩ける女性たちがたくさんいる。彼のような「貧乏人－probe」（正しくはpobreだが、貧困層の人々が、学校教育を受けていないことを示す言葉の変形で、自分たちのことを指す）は、必要以上にあくせく働こうとは思っていないからだ。問題は、彼自身はそのつもりはないにもかかわらず、彼の貧しい経済状態を利用して、彼を奴隷化し搾取しようとする者たちが常に存在するということだろう（この文章では、五ペソがエサとなっている）。

バネガス＝アロヨ工房のオハで描かれる「底辺の人たち」は、学校教育を受けていないかもしれないが、けっして無神経ではなく、むしろ様々なことを感じ取っている。金持ちは生まれながらに恵まれており、過酷で不愉快な仕事を強いられることはない。一方、貧乏人はそれを押しつけられ、逃げ場がない立場にいる。だからこそ、（「神のさだめ」という言葉が示すように）貧乏人は神に身を委ねるしかないのである。

警官や兵士というと、官の権力の代理人のように思われるかもしれないが、実際には、ここで見てきたように、バジェ・ナシオナルに雇われていく男と制服を着た兵士や警官の生活には、大差がない。だから本書では、彼らが権威を代表しているというような特別な状況でない限り、兵士や警官たちも（鶏売りの先住民や、放浪の芸人たちと同じような）「もっとも弱い立場にある人々」のグループに入れることとする。彼らの姿は、両面性を持つのである。

■最底辺の人々の生活

では、十九世紀のメキシコ社会の中でもっとも恵まれないグループを形成している人々について見てみよう。彼らの姿は、宗教的な寸劇である「ロア（Loa）」を記したオハや小冊子の中に表現されている。ロアは、スペインから伝わった神や聖人を称える小劇なのだが、バネガス＝アロヨが印刷した「ロア」は、聖母マリアや聖人を称える一方で、社会の最貧層の人々の暮らしぶりの素朴な描写を残している。バネガス＝アロヨの「ロア」は、その多くが一枚物のオハであり、小冊子は少ない。これらの小劇の中には、日々の糧をどうやって稼ぐかということが最大の関心事となっている。

これらのロアでは、二人の登場人物が舞台上に登場し、それぞれが自分の考えに没頭しているうちに、ばったり出会うというパターンが多く見られ、次の「孤独の聖母を称えるロア（Loa en honor de la Santísima Virgen de la Soledad)」（図5）でも、流しの楽士と人形遣いが出会うところから始まる。

バネガス＝アロヨ工房のロアは、どれも似たようなプロットと雰囲気を持っている（皮肉っぽさはなく無邪気で、過剰ではない程度にコミカルで、ほどほどに悲劇的である）のだが、これはその典型例である。

では、全文を見てみよう。

「孤独の聖母を称えるロア」

登場人物：人形遣い――流しの楽士

♪音楽

永遠に讃えよう
孤独の聖母よ
聖なる天の女王よ！
聖なる母よ

（人形遣いが、踊り用の二体の整えられた人形を持って登場する）

人形遣い

この人形でうまくいくかどうか見てみよう
両方ともきれいにしつらえた
ハラベを踊れるように
もしそれでやっていけたら
最高だ

あくせく働かなくてもいいだろう
プルケ酒も呑めるだろう
家を何軒か訪ねて回れば
一ペセタとタコスの一つももらえるだろう
悪くても五十センタボ貨を
でも一つ足りないものがある
肝心のものが
ギターか手回しオルガンを鳴らしてくれる

図5「孤独の聖母を称えるロア」

楽士がいないとね

（ギターを持った流しの楽士が登場する）

まいったね、なんて景気が悪いんだ
このどんよりした天気ときたら
仕事がなくて、うんざりだ
豆を買う金もない

弦をかき鳴らしても
踊りもなにもない
芸で食っていくのは大変なこと
お先真っ暗な運命だ

家々を回っては
人形を踊らせている
人形遣いが、せめて
俺を見つけてくれたなら

（人形遣いを見る）
なんて嬉しい幸運だ！
すてきな偶然の一致だよ
俺が願っていた通り！
ここにいるのはまぎれもなく
俺を雇ってくれそうな
人形遣いの紳士じゃないか

人形遣い
楽士かね？

楽　士
見ての通り、わかるだろ！

人形遣い
で、いま忙しくないの？

楽　士　ちぇっ、なにもないよ
人形遣い　ならば準備万端だ！　俺と組まないか？　俺の人形に音楽をつけて、家々を回らないか？
楽　士　けっこうですとも、セニョール！　でも、どれくらい稼げるのかな？
人形遣い　それは、回った家でもらえる額によるよ
楽　士　で、俺の分前は？
人形遣い　八分の一をやろう。それでよければ、すぐにでも

楽　士
それでいいわけないだろう
それじゃあんまりだ
むしろ固定給の方がいい
四レアルでいいよ

人形遣い
一年で？　それならいいよ

楽　士
一年って、馬鹿にしてるのか
一日あたりだよ
でなきゃ帰る
そこまで落ちぶれてないぞ！

人形遣い
なんで、そんなにがめついんだ

楽　士
　がめついのはおまえだろう

人形遣い
　天気を見ろよ？　そんなに払えるわけないだろう。見えないのか

楽　士
　じゃあ、一ペセタとプルケを少し。タコスももらえたら少し分けてくれ

人形遣い
　それは俺が割りに合わない
　おまえは俺を試しているな
　そんな目で見るな
　ぶん殴ってやるぞ

楽　士
　やれるものならやってみろ

なにをよろよろしてるんだ
恥知らずの人形遣いめ
腹下しみたいな顔しやがって

人形遣い　なにを、なめるんじゃないぞ
本当に殴るぞ

楽　士　おまえは役立たずだ
勝手にしろ

人形遣い　人形でぶちのめしてやる

楽　士　ギタロンでぶちのめしてやる

人形遣い　これでもか

（ビンタを一発見舞う）

楽　士　（それを避けながら）

そんなもんか！

このパンチを避けてみろ

（そこに太鼓や打ち上げ花火や音楽が聞こえ、聖体行列が入ってくる）

人形遣い　おお、聖体行列だ

楽　士　聖母様がお見えだ。お赦しを！

（二人が立ち上がる）

人形遣い　問題は忘れよう。今は仲良くしよう

楽　士　そうだね。報酬はおまえの好きなようにしてくれ

人形遣い　ありがとうよ

楽　士　聖母様に感謝しよう
争い事から救ってくれた
いやしくも彼女を崇めよう
限りない尊敬をこめて

人形遣い
　聖母様を讃えて、一曲やってくれ
　この祭りに、俺は人形を踊らせるよ
（人形が踊り、楽士が演奏し、踊りに合わせて二人は歌う）

　楽しく踊ろう
　例えようもなく喜んで

　ステップを合わせていこう
　俺たちを野次らないでくれ
　今日は祝おう
　心から喜んで
　力強いステップ《サパテアード》で
　オレ、オレ、オレ、オレ、オレ、オレ！

楽士と人形遣い（彼らはひざまずいて言う）
　天の聖なる女王様

ここに私たちはひれ伏します
あなたにお許しを請います
私たちの犯した重い罪に
万歳！　永遠に万歳！
御名は永遠に
孤独の聖母よ、
今日、みな、あなた様を崇めます！

このロアは、非常にシンプルな筋立てである。その日暮らしの貧困層の二人の人物が、神の導きによって出会う。組むことで互いに利益を得ることができるのだが、しかし、聖女の行列が現れて考え直すまで、些細なことで喧嘩をしてしまう。

台詞まわしにはきわめてリアリティがあり、研究者にとって非常に魅力的なものとなっている。このようなメキシコシティの楽士や人形遣いは、一九〇三年の段階で一日一ペセタ（一日二十五センタボまたは一ヶ月七・五ペソ）を稼ぎたいと考えていたことがわかるからだ。

これらのデータをもとに、貧困層の懐具合との関係でバネガス＝アロヨの印刷物の価格を算出することもできる。一九〇三年のその年に一・五キロの豆が十三センタボであったことを考えれば、バネガス＝アロヨが同年、グァダルーペの聖母マリアの戴冠式を記念して十二センタボで販売したオハは、貧しい人々にとってかなり高価なものであったことが容易に理解できる。それゆえ、このような一部の例外を除くと、同工房が普段は自社のオハを三センタボほどで販売しているのは妥当な値付けと言えるだろう。

一九〇四年の別のロア「奇跡の主イエス・キリストを称えるゴザ売りとトルティージャ売りのロア（Loa dicha por un petatero y una tortillera en honor del Señor de las Maravillas）」（図6）では、ポサダは、悲しげな表情で、巻いたゴザ（椰子の繊維で編んだメキシコ先住民の敷物）を売り歩く青年を中央に、右手には、道に座り込んで布でくるんで籠に入れたトルティージャを売る中年の女性の姿を描いている。

Loa dicha por un Petatero y una Tortillera,
EN HONOR
Del Señor de las Maravillas.
図6 「奇跡の主イエス・キリストを称えるゴザ売りとトルティージャ売りのロア」

物語は、トルティージャ売りの女性が、誰にも買ってもらえず、焼酎も買えないと嘆くところから始まる。

そこを、彼女よりもさらに拙いスペイン語を話す若い先住民のゴザ売りが通りかかる。青年も、自分が背負っている「長さが五～六バーラ」「木でできているように頑丈な」椰子の繊維を編んだゴザが「安く」しても売れないかもしれないと、とても心配している。

彼が不安なのは、ゴザを売らずに家に帰ると、母親に「必ず」叩かれるのがわかっているからだ。「大声を出して歩きすぎて喉が焼ける」「哀れな頭がぼうっとする」と彼は嘆く。ポサダの描く版画の描写では、彼は若い既婚の男性だ。妻が弁当を用意してくれたがなくしてしまって、空腹に苦しんでいる。通りすがりのトルティージャ売りが籠に入れた「ほかほかの」トルティージャを売っているのを見て、彼は彼女に近づき、何も売れていなくて「一銭も持っていないから」、同情して一枚めぐんでくれと頼む。彼女も（全然売れていないので）同じように不平を言い、原料のトウモロコシ屋が現金の代わりに、ゴザを受け取ってくれるとは思えないから、彼女のトルティージャをただであげるわけにはいかないと答える。しかし、ここで偶然にも、ゴザ売りは、奇跡の主イエス・キリストに捧げられた行列を見て、飢えを忘れるのである。

この人形遣いとゴザ売りの二つのロアにつけられたポサダの挿絵は、非常に美しい。文章と挿絵は完璧に調和していて、いずれも貧しい人々の生活の危うさと信仰心を伝えているのだ。

ちなみに、バネガス＝アロヨの作品に登場する人物たちは、常に、オアハカ人やプエブラ人といった特定の地域出身者としてではなく、職業集団に属する典型的な人々として描かれている。

このゴザ売りの話に出てくる「奇跡の主イエス・キリスト」がイダルゴ州（メキシコシティからやや離れ、マゲイ畑の真ん中にある）で信仰されていることから、このロアはおそらくイダルゴ州のトルティージャ売りと敷物売りの話を描いているのだが、しかし、同様の光景がメキシコシティではありえないというほどの地方性があるわけではない。

確かなのは、バネガス＝アロヨ工房発の文章にも挿絵にも、たとえば、漁師やココナッツ売りのような海岸地方の人々は登場しないということだ。つまり、登場人物のキャラクターは、ほぼ、メキシコシティやその近郊の実生活からインスピレーションを受けており、登場人物たちの心配事やその語り口にもリアルさがあるということだ。

とはいえ、一九〇四年に、できたての一籠分のトルティージャ（このオハは同年のものと思われる）が、本当に「半ペソ」で売られていたかどうかまでは断定できない。劇中で、自棄になって、女は籠まるごとのトルティージャを半額で提供し、「二十」で十分だと言うが、「二十（veinte）」は「熱い（caliente）」という言葉と韻を踏むためかもしれないからだ。

他にも、とても興味深いキャラクターが登場するロアがある。「グァダルーペの聖母の奇跡の出現に捧げる、鶏売りのインディオのロア（Loa de un indio pollero quien la dedica a la maravillosa aparición de María Santísima de Guadalupe)」（図7）と「大天使ミカエルを称える靴修理職人のロア（Loa dicha por un remendón de zapatos en honor del arcángel Señor San Miguel)」（図8）に登場する鶏売りと靴職人である。

この二つのロアの結末は、先ほど見たギター弾きと人形遣いのロアのようなハッピーエンドではないが、登場人物たちは、同じように運命を受け入れ、聖体行列の聖像の前にひざまずく

図7「グァダルーペの聖母の奇跡の出現に捧げる、鶏売りのインディオのロア」

図8「大天使ミカエルを称える靴修理職人のロア」

のだ。

　このロアの鶏売りも先住民だ。それは、彼の服装や暮らしぶり、ブロークンなスペイン語によって示唆されている。彼は、他のロアのキャラクターたちのように、彼の売り物の価格については具体的なことを教えてくれないが、彼の商品がどのように消費されるかということについては、多くのことを語る。彼は鶏を売るために、「鶏買ってくださーい」「鶏買ってくれませんかあ」と叫ぶのだが、それに加えて、肉がやわらかい鶏を「病人のために」、よく肥えた七面鳥を「フィエスタ（パーティー）のために」と説明する。この鶏売りは製品の品質の良さにこだわっているのだ。しかも、単に、鶏が「やわらかく」て、七面鳥が「肥えて」いるだけでなく、「胸肉はふっくらしていて、腿肉はとても大きい」ので、「質が良い」と言うのである。

　この鶏売りは自分の商品の良さを連呼するが、それでも運がなくて何も売れないので、たまたま通りかかった好みのタイプの女の子を「口説く」ことにした。娘の方はと言えば「まったく相手にしない素振り」なので、こちらは混血に違いない。彼は嘆くが、すぐに「自分の地元には、とてもまっすぐに歩く娘たちがいる」と言って、自分を慰める。結局、この青年は鶏を売ることにも、女の子を引っかけることにも成功していないのだが、それでも、聖体行列の中のグァダルーペの聖マリア像を見ると、「背負籠をおろし」ひざまずいて、「あんまりひどく貧乏ですが、信心します。グァダルーペの聖母マリア様、あなたにおすがりします」と言う。そして付け加える。「私はもう鶏を売りません。この優雅なお方（セニョーラ）のお祝いだから」（彼は「お方」という表現で聖母への無限の愛情を表明している）。

このような尊敬と信仰の態度は、別のロアにある靴修理職人の態度や言葉にも見られる。この職人も鶏売りと同じように、地面に「トンペアテ」（作業道具を入れる袋のようなもの）を置き、ひざまずいて言う（図8）。

崇めます
本日お成りの
大天使ミカエル様
靴も木型も道具のことも
忘れました
ただ一つだけ申し上げます
ひざまずいている者たちは皆
唯一絶対にして
聖ミカエルの創造者であられる
主に感謝しております

このオハは、靴の世界とその取引について多くのことを教えてくれる。靴修理職人は、彼が「古い靴を縫って」いたり、「上履きを繕って」いない時は、「路上で大声で呼び込みをしている」。食べるのがやっとの稼ぎなので「ひどいもの」だと思っている自分の運命に不平を言うのだ。

朝食を食べようとしても、まず前日からの残り物も何もなく、「タマル（トウモロコシの蒸し饅頭）一個」を食べるためにさえ、すぐに仕事をしなければならないというのは、彼にとってはあまりにも酷なことだ。

彼も「焼酎」や「名物のプルケ酒」が好きで、飲むと「元気になる」、「作業袋（トンペアテ）のことも忘れ」て「きれいな女の子に恋に落ちる」が、実際には、彼は常にぼろを着てみすぼらしく、「恋人も寝る家もない」。そのうえ「友達もおらず」「皆に軽んじられ」ていることを認めており、「よその家の残り物でも食べるしかない」。そうでなければ食べるものはない（彼の表現を借りれば、「石でも食うしかない」）。

この描写から、悪癖（酒）が原因で、靴職人よりも劣る仕事である靴修理職人になってしまったことがわかる。

ブーツを直してほしいと頼みに来た女性と仕事の値段を交渉している描写を見れば、さらに様々な具体的なデータがわかる。この二人の会話は、それぞれの社会的地位を反映した言葉でなされており、とても興味深い。

女性

職人さん
あたくしのブーツをご覧になって
まだ一ヶ月も経っていないのに
もう古靴みたいにしか見えないの
牛革ではなく鶏皮みたい
靴職人さんが作ってくれたのだけど
取り合ってはくれないの
だから、あなたに尋ねるわ
半底とヒールを直し
ゴムを新しくして
切り口を縫い直して
磨き上げるとしたら
それで全部でおいくらでしょう

靴修理職人
さて、お嬢さん
丸ごと作り直さなきゃいけません
もう底がなくなっている
ここには革がなくなってる
丁寧に作り直すことをお約束します
しかし、きっちり六レアル
しっかり頂かせてもらいます

もちろん娘は、そんな額を払うことを拒否するが、彼は説明する。

お嬢さん、それは無理というもの
計算なさってみてください
靴底の修理に少なくとも
二レアル半はかかります
短釘と長釘に一レアル
糸に少なくとも八分の一レアル

それにいくらかかると思います？
どうしましょう
修理はまたの機会にされますか？

ここで会話は終わり、貧しい靴修理職人は仕事を得ることはできず、後味の悪い思いをする。しかし、彼の話の興味深い点は、彼が請求するペソ換算で七十五センタボ（六レアル）のうち四十四センタボが材料費（長短の釘十二・五センタボ、底三十一センタボ）なので、材料費は脇に置いておいて、彼は二・五レアル（つまりペソ換算で三十一センタボ）を稼ぐことで満足しているということが、彼が作成した勘定書から推測できることだ。

さて、それでは次に、「ロサリオの聖母を敬う賄い婦と水売りの物語（Loa dicha por una cocinera y un aguador en honor de Nuestra Señora del Rosario）」（図9）と題された別のロアも見てみよう。

図9　「ロサリオの聖母を敬う賄い婦と水売りの物語」

その前提として、まず、賄い婦と水売りは切っても切れない組み合わせであることは知っておかなければならない。その理由は、水源から水を家々に運ぶのが水売りであり、それを受け取るのが賄い婦の役目だからだ。すなわち、一年三百六十五日、少なくとも一日一回は顔を合わせる間柄ということで、水売りと賄い婦は、すでに十九世紀半ばの風俗画で、互いに関連付けられて描かれている。

バネガス＝アロヨのロアでは、彼らの立場を明らかにするだけでなく、同じ社会階級の中に存在する微妙な上下関係をも明らかにするので、より一層興味深い。

たとえば、賄い婦の言葉から、彼女が自分の仕事を下層の仕事だと思っていることがわかる。それは、今は「貧乏そうに見えても」、彼女が未亡人になる前は、自分にやさしくしてくれていた少尉と結婚していたことを、（彼女を気やすく飲みに誘おうとする）水売りに伝えているからだ。夫と朝に何かを飲む時は、焼酎のようなものではなく「レモン酒かアニス酒」で、夫と出かける時には、近所のプルケ屋ではなく、サンタ・アニータに行き、「ファンダンゴのカヌー」で「ハラニータ（民族舞踊の一種）を踊る」ためだったと。彼女は「ペチコートのついたスカート」や「飾りのついたレボッソ（ショール）」で常にきれいな装いをしていたと主張する。

それにひきかえ、今や彼女は「召使い」で「タマレスを買う金もなく」、「遊びに行くこともできない」、「食事の準備が少しでも遅れると（家の主人に）叱られる」と嘆く。彼女は「十二レアル」の給金に加えて「実費（つまり食材費）に五・五レアル」を加えて合計十七・五レアル（月に二ペソ十九センタボ、一日七センタボ）を受け取っているという。

このロアでは、水売りの心理も描かれる。

ここに登場する水売りは、水がめを抱えて水源に行く前に、「女中の叱責に耐えられるように」一杯飲みに行きたいと語ることから、彼らが気楽な生活をしている人たちであることがわかるし、同時に、彼らには「アニス酒」の代金を払えるほどの収入はなく、また、賄い婦が親切に分けてくれる「残り物のパン」で食事を補っていることから、非常に貧しい人々であることもわかる。そのくせ、賄い婦を「街角に飲みに誘う」ことを遠慮しないぐらいには女性に対して大胆だ。一方で、賄い婦からは、「礼儀知らずで酔っ払い」と見なされている。

しかし、マニージャの手による版画で、頭に乗せて担いできた水瓶を足下に置き、どれぐらいの水が入り用かを賄い婦と交渉している若い水売りの男は、その姿や顔立ちはなかなかの美男子で、むしろ、ヨーロッパ風に見える。この意匠は当時の外国の雑誌からヒントを得たものかもしれない。

この水売りの暮らしは、貧しいが気楽だ。前述のバジェ・ナシオナルに引っかかってしまった男が語っていたように、地方出身の男たちにとって、首都はパラダイスであり、そこでは好きなように働いて好きなだけ飲め、素敵な女の子がいつでもたくさんいるからだ。

若い娘たちの方もそれなりに楽しんでいる。サンタ・アニータにではなくても、そこいらの街角で一杯ぐらいはおごってくれる男たちのナンパを簡単に受け入れていたようだ。

「仕事にうんざりの気取り屋女中たちのおバカなお喋り（Unas pláticas chistosas que cualquiera puede oír entre gatas remilgosas aburridas de servir）」（図10）と題された非常に面白いオハでは、雇い主の叱責が嫌になった二人の女中が辞めることに決め、こっそり身の回りのものを持ち出すこともしなかったため、着の身着のままで、まっすぐプルケ屋に行き、がぶ飲みする。しかし、現金を持っていないので、うちの一人が「白いペチコート」を質に入れようと提案する。少女たちは、さすがにそこまで愚鈍ではなかったので、誰にも見られずに下着を脱ぐことができる「廊下」を探す。

図10 「仕事にうんざりの気取り屋女中たちのおバカなお喋り」

かなり小さな作品だが、ポサダの手になる挿画では、脱いだペチコートを手に持っているらしい姿が描かれている。

こういったディテールは、メキシコシティの女中たちの生活がどのようなものであったかについて、かなり明確なイメージを与えてくれる。若く、経験が浅く、搾取され、家族が遠く離れた田舎町にいるので甘言に乗せられやすく、彼女らの生活は、日常の仕事と慌ただしい雑役に追われている。そのうちの一人は、彼女が働いている家の男の子（「首に抱きついてきて」「おっぱい呑ませて」と無茶な要求をする七歳の男の子）が、「くっついてきて」彼氏と二人きりの日曜日のデートを台無しにすると愚痴をこぼす。

女中が誰かに言い寄られるのを雇い主は快く思わないので、少しでもその疑いがあると、すぐに女中の外出は禁止される。「だから、やっとのことで、今日は外出できたのよ」と彼女は友達に語る。大都会に到着した思春期の二人が望むのは、一週間ずっとこき使われたそのあとの日曜日に彼氏と自由に出かけることなのだ。

奇妙なことに、この一枚のように、都会の召使いの少女たちの生活について語っているオハはほとんどない。だからこそ、本作を取り上げたのだが、これ以上、冗長にならないように、バネガス＝アロヨがどのようにこの話を終えたのか、その結末を簡単に記そう。

ペチコートと引き換えに一レアルを得たものの、二人の少女は、あまりに酔っ払ってしまったので警察署で夜を終えたとして話は終了する。

貧困層の少年にとっても少女にとっても、都会は非常に魅力的な場所であったものの、少女たちにとっては（少年たちほど自由ではなく）、必ずしも常に脳天気に過ごせるものではなかったことがわかる。さらに付け加えておきたいのは、オハの情報では、家内労働者は月に一ペソ、食費として一日五レアルを稼いでいたということだ。

■お金——首都での生活で重要なもの

ここで、もう一つ付け加えておきたいことがある。それは議論の余地なく、バネガス＝アロヨのオハの主役の一つである「お金」のことだ。すでに見てきたロアの他にも、首都の日常生活を垣間見せ、金銭的な問題に触れるオハがあり、政府が硬貨を出したり、流通させたりするたびに発行されたオハもある。後者は、硬貨（旧貨と新貨）を擬人化したもので、非常に滑稽なものだ。たとえば、「ペセタの悲惨な死！二十硬貨の幸せな生活！　コインの大決戦（¡Trágica muerte de las pesetas! ¡Vida alegre de los veintes!）」（図11）と題されたオハは、文章の前半で、こう述べる。

ああ、ああ、なんて辛いんだ
ペセタが出ていく
哀れにも去っていく

救いもなしに！
レアルはどこに行ったのか
そして、メディオも去らなければならない
死神がすでに彼らを捕まえた
もうすぐ溶かされてしまうんだ

ああ、いとしいペセタよ！
老いぼれた昔なじみ
ついにお前の番が来る
すべてのものがそうであるように

大変な思いをしたね
可哀想なペセタ
市場の商人や物売りにまで
馬鹿にされるようになって
二十四センタボにまで

図11　「ペセタの悲惨な死！
20硬貨の幸せな生活！
コインの大決戦」

値打ちを下げられ
あんまりすり減ってたので
もう受け取ってもらえない

いったい何回
娼婦たちの手に落ちただろう
メルセー市場の娼婦にしか
受け取ってもらえない恥ずかしさ

それが値段だったから
愛の交換手数料
断ることもできず
文句も言えずにかわいそう

新しい政策が、少しずつではあるが、社会を近代化して変容させていることがわかる。レアル貨、メディオ貨、ペセタ貨が消える。彼らが非常に長い間社会に奉仕してきたにもかかわらず、同情されることもなく「溶かされてしまう」という表現から、間違いなく、読者をペセタの側に感情移入させる。ここでは「溶かす」という言葉には二つの意味がある。一つは、文字通り、高温にさらされて金属に戻ることだが、もう一つは比喩的に「ダメージを与える」ということだ。ここで古い硬貨は擬人化され、バネガス＝アロヨはそんな「老いぼれた昔なじみ」を尊び、「いとしいペセティータ」と呼び、「物売りや商人の軽蔑」には値しないと語っているのだ。

「物売りや市場の商人」がメキシコの社会では下層に位置するのは周知のことだ。彼らは非常に貧しく、その日暮らしをしている。しかし、ここでは立場が逆転しており、本来、尊重されるべきこれらのペセタ貨は、お金であるにもかかわらず、屈辱的な扱いを受けている。真の交換レートより低い二十四センタボとして扱われ、人によっては受け取ってさえもらえないのだ。

実際には、物売りや市場の商人は、自分たち自身が弱い立場であることを知っているからこそ、流通から消えようとしている通貨を受け取ることで、自分たちが稼いでいるわずかな金額を危険にさらしたくないと考えている、というのが論理的解釈である。しかし、ここではこの逆転効果により、彼らのような弱者自身が強い立場に立つことになる。物売りや市場商人よりも社会的地位の低い「メルセー市場の安娼婦」だけが、文句も言わずペセタ貨を受け取ってくれる。このこと自体が、メキシコ社会において娼婦がさらに弱い立場であることを示しているわけだが、ここでも逆転効果のため、単に貧乏なだけでなく、とりわけ品のない下賤な者の手に落ちた時に、一層の弱さを感じるのは、「いとしいペセティータ」の側なのである。
ここで物語の第一部（すぐに消えてしまうペセタの悲しい物語）が終わり、第二部（二十センタボ貨として蘇ったペセタの「ハッピーエンド」）が始まる。続きはこうなるのだ。この逆襲の楽しさは注目に値する。

死んじまった方がいいのさと、版元は言う
二十センタボ貨になって戻ってくる
そしたら、なんて傑作なんだ
みんなが寄ってくるように
この六月三十日に
ペセタの流通が終わったら
とってもきれいな二十センタボ貨が
至るところにあらわれる

それがあまりに純粋で
そしてきれいにできてるから
すぐに目ざとい連中が

偽造をしたくなるだろう
でも、心配しなくて大丈夫
すぐにバレるだろうから
そして、君たち、正規の二十センタボ貨は
皆から大いに好かれるのさ

洗礼のお祝い状でも
おまえはとても魅惑的に光る
みんなおまえが大好きで
とっても大事にしてくれる
銀行街の
気取った床屋は
ちょっとがっかり
いい時期が終わったから
髭やら髪の手入れにきた
遊び人たちから

大喜びで受け取ってた
一ペセタこと二十五センタボ貨を

昔の呼び名を使って
「ペセタ」と言いたいかも
でも今日は、二十センタボ貨で支払うから
それで満足しなけりゃならぬ
何もかもが変わっちまった
かの有名なメキシコでは
さらば、ペセタよ、いざさらば……
嘆きをもってそう言おう
弔いの歌を歌ってやろう
最高のプルケ酒を捧げて

もう見かけることはないだろう
一度に消えてしまうのだから
今や二十センタボ貨が支配する

彼らが勝利を勝ち取る番だ

家々で働く女中たち
またの名を子猫ちゃんたちも同じ
もうセンタボを値切らない
きっちり二十センタボ貨のおかげで
こんないいことにでも怒って
こんなこと言う人がいる
二十センタボ貨を発明した人は
ほかにやることがなかったの？

下僕たちも同じ
徴収人や
市場の人たちも
みんな不満を持っている

ごまかしはなくなった

すべてがうまくいっている
このまっさらな硬貨で
その流通が始まるよ

もうごまかしや不正はない
商人たちの
小銭が足りないからと
お釣りをもらえぬこともない

だからみんなで叫ぼうよ
熱烈な思いを込めて
旧ペセタに死を！
二十センタボ貨万歳！

ペセタ貨が「いとしい」なら、二十センタボ貨は「とても素敵」。新品でピカピカで「洗礼状で、とても魅惑的に光る」存在だ。このオハが提示する生活や習慣のディテールはたくさんある。たとえば洗礼状には小額のコインが入れられるものであること、コインの偽造は珍しくないこと、銀行街の床屋はいつも金持ちの客に過剰な料金を請求し、召使いの娘たちは買い物に行く時はいつも小銭を数枚くすねている、などの金銭のごまかしが横行していること。誰かが死ぬと、人々は弔い歌を歌い、鎮魂のために少し上質のプルケ酒を飲むこと。

すなわち、お金は貧しい人々の生活にとって非常に重要なものだからこそ、大衆向け印刷物でも頻繁に扱われているということだ。

それでは、ここで、さらに人々の経済問題を語ることに特化したオハについても見てみよう。

■首都であっても庶民は飢えている

お金をテーマにしたオハが数多く作られたのは、それはまさに大衆の関心がそこにあるからと考えて良いだろう。

ここでは二つだけ紹介しておく。一九一二年の「蔓延する貧困（La pobreza reinante）」（図12）と日付不詳（ただし、刻印によれば一九〇九年より前）の「テレサがいながら、貧しくてろくに食べられない男の嘆きが聞こえてくるようなチワワのひどい話（Gran alarma escandalosa que se vio allá por Chihuahua al oír los tristes lamentos de un patito con Teresa que no llena su barriga por causa de la pobreza)」（図13）というものだ。

一九一二年のものは、第2章にも登場した作家のチョンフォロ・ヴィココとアルトゥロ・エスピノサが執筆したもので、以下のように始まる。

どこに行っても聞こえてくる声
ほんとに一文無しだ！
むしり取る連中はなんてひどいんだ！
どうかちょっと貸してください！

想像してみてください、
読者の皆さん
子供が三人もいて、そのうえに
義理の姉妹三人に妻……

辛すぎて、うわ言が出ます
貧しい者たちだから
八日間も食べていない……

LA POBREZA REINANTE.
Por donde quiera se escucha:
¡Qué bruja estoy!, ¡qué arrancado!
¡Présteme usted, por favor!
Y la arranquera ya es mucha,
A cual más anda amolado....
Esto me causa pavor!
Figúrate, lector mío,
Que tengo tres chamaquitos,
Tres cuñadas y mujer....
Del pesar yo desvarío,
Pues están los pobrecitos
Hace ocho días sin comer....
¡Cómo me puede alcanzar
Lo que gano en mi trabajo,
Que son cuatro reales diarios,
Si todo tan caro está!
La verdad que ya me rajo....
¿Me iré con los voluntarios?
Mi mujer todos los días
Me atormenta con lo mismo:
¡No alcanza lo que me dás!
¡Mujer, por Santo Tobías!
¿Tienes aún el cinismo
De querer que te dé más?
¿No sabes que también tengo
Que hacer para mi unos gastos
Que no puedo prescindir?
Ya de cigarros me abstengo
Ya no bebo, ni hago....tratos,
¿Qué más hay que suprimir?
Y ella entonces me contesta:
Es también que tú no sabes,
Que todo aumenta en valor.
¡Si está del diablo la cosa!
Contempla el gasto del día
Y nomás hazme favor:
Lo que antes valía en la plaza,
Con mis mejores marchantes
Y tras mucho regatear,
Tres fierros kilo de masa,
A fierro los gitomates
Y dos por cuartilla el pan,
Hoy cada pan á cuartilla
Y los frijoles contados,
Los ahuacates, un real....
Por eso, pura tortilla
Y alberjones sancochados
Sin más manteca ni sal,
Comemos los pobrecitos,
Porque la carne es tan cara
Que sería lujo comerla.....
Ni siquiera frijolitos
Comemos.... ¡son cosa rara!
¿Qué diablos vamos á hacer?
図12　「蔓延する貧困」

全然足りないのです
私が仕事で稼ぐ分では
それはたった の一日四レアル
（四レアルは五十センタボ）

一九〇三年には、人形遣いは、訪問する家ごとに二十五センタボから五十センタボの収入を得ることを夢見ていた。しかし、その九年後には、その五十センタボ（四レアル相当）はわずかな金額ということになっている。

このオハでは、他では見られなかった要素がある。夫婦間の会話がいかに金銭を中心としたもので、それがストレスや口論の原因になっているかがわかるからだ。

毎日、妻は、俺を
同じ言葉で苦しめる
あんたがくれるものだけでは足りないと
妻よ、聖トビアスにかけて！

もっとお金が欲しいと
厚かましいことをいうのか
（中略）
すると妻は答える
わかってないのはあんたの方
みんな値上がりしてるんだから
（中略）
まっとうな商人さんたちが
市場で付けていた値段
それをさんざん値切り倒して
一キロのトウモロコシ粉に硬貨三個
トマトに一個
パン半斤に一個

今日びは半斤のパンと
数えるほどの豆や
アボカドが一レアル

激しいインフレの中、彼女も彼も家族を養うために頑張っていることが文章から伝わってくる。彼が毎日稼いでいるもの（五十センタボ）に三十日をかけると、千五百センタボ（月十五ペソ）になる。私たちが知る限りでは、ディアス時代の庶民階級の支出は、家賃二十％（三百センタボ）、肉十％（百五十センタボ）、ラード五％（七十五センタボ）、小麦、小麦粉、トウモロコシ、ジャガイモ、豆、チレ、塩、コーヒー、砂糖二十八％（四百二十センタボ）、石炭、石油五％（七五センタボ）、タバコとプルケ酒二十二％（三百三十センタボ）、衣類、毛布、靴、帽子十％（百五十センタボ）となっている[1]。

夫の方は、以下のようなディテールを語る。

妻に腹を立てたので
チャレという名の店に行く
そこの食堂で夕食食べに

財布と相談してみると
二食分はなかったから
これじゃ明日は朝飯抜きだ

庶民階層の夫婦の間には、大きなストレスがあることが明らかだ。第一に、両方の当事者が、緊張を緩和するような楽しみ（アルコール、タバコや映画など）を我慢しなければならず、その後、口論した時に逃げる場所がないため、日常の状況を悪化させる。

ポサダの装画はとても雄弁だ。二つの場面に描かれた、この一家のそれぞれの家族の姿を見よう。一場面では、愛おしげに三人の赤ん坊の世話をしている三人の女性が描かれる。一人は生後一ヶ月の赤ちゃんに授乳し、もう一人は四歳ぐらいの男の子に小さな素焼きのカップを差し出し、そしてもう一人は着替えたばかりの三歳の男の子の隣に立っている。別の場面は、一家の当主が、靴底が穴だらけになっているのを見せながら、「えー、なんでだよ」とでも言うようにコミカルに頭を掻いている情景だ。

女性の一人が髪を三つ編みにしていることから庶民階級であることは見て取れるが、彼女らは浅黒い肌ではない。三人とも靴を履いているので、バネガス＝アロヨやアルトゥロ・エスピノサが描く、酒場や食堂によく行く大衆そのものでありつつ、靴を履くことで生活の質を高めようとしている家族のことを語っているのだ。

この文章が与えるイメージは、メキシコ庶民を、酔っ払いで無責任というように描くステレオタイプなものではない。むしろその逆で、他の箇所に描かれているように、家賃が払えなかったり、図12のように靴に穴が開いていても、持っているわずかなお金を貸し合って、互いに支え合っているように描かれている。注目すべきは、この世帯主は、自分の妻と子供だけではなく、三人の義理の姉妹まで養っているのだ。無理解で無責任な男のイメージはここにはない。

一方、庶民たちは商人を冷酷な吸血鬼と見なしていて、自分たちから少しでもむしり取ろうとしていると考えている。つまり商人は飢えた人々の味方ではなく、民衆の友は民衆なのである。庶民は財布が苦しくなるとわかっていても、互いに少しでも持っているものを貸し合うことで助け合っているのだ。

別の「テレサ（という妻）がいながら、貧しくてろくに食べられない男（アヒル）の嘆きが聞こえてくるようなチワワの悲しい話」（図13）という長い題名のオハは、前述のオハとよく似た概要を持っているが、夫婦関係の問題ではなく、労働問題の話となっており、また、他のオハにはない一面も持っている。語り手の「テレサ（という妻）がいる男」は、メキシコシティから遠く離れたチワワに住んでいるが、貧困のため、少しでも金を稼ごうという思いで首都へ出稼ぎに来ている。彼の「アヒル（patito）」という名前の由来はそこにあるようだ。そうして彼は、職人の仕事がひどく軽視されていることについて語る。

アヒルが言うことには
自分の商売をしてみろと
何でもいいから精出して
仕事を仕上げて、金を受け取りに行くと
「明日また来い」と言われるのさ
ようやくお金をもらえても
すぐに半値に値切られる
しょうがないから

GRAN ALARMA ESCANDALOSA
QUE SE VIO ALLA POR CHIHUAHUA.
AL OIR LOS TRISTES LAMENTOS
DE UN PATITO CON TERESA
QUE NO LLENA SU BARRIGA
POR CAUSA DE LA POBREZA.

¡Ay Teresa! cuánto me duele el vivir
Durmiendo en pobre petate,—Mejor prefiero partir
A echar pulgas á otra parte.

¡Cuánto me duele, Teresa,
Vivir de amarguras lleno!
Mejor quisiera de un cuerno
Ver colgada á la pobreza.

¡Cuánta pobreza se vé!
¡Cuánto apuro, cuánto atraso!
Más ¿quién goza con las tripas
Pegadas al espinazo?

Sólo de hambre moriremos
Llenos de melancolía,
Ojaleando como el sastre
Y con la bolsa vacía.

Pues si pedimos prestado
Con suplicas y con llantos,
No conseguimos un peso
Ni por Dios ni por sus santos.

Trabaja vd. en su oficio,
Sea cual fuere, vd. se afana,
Lleva la obra y va á cobrar:
Le dicen "vuelva mañana."

Por fin á vueltas le pagan,
Rebajando la mitad
Y dicen que lo ocuparon
Por pura necesidad.

図13 「テレサがいながら、貧しくてろくに食べられない男の嘆きが聞こえてくるようなチワワの悲しい話」

雇ってやったんだと言われ

ポルフィリオ・ディアスの時代、メキシコシティはこのような地方からの移住者の流入によって拡大した。しかし、残念ながら、バネガス＝アロヨの印刷物では、そのあたりの事情が十分に語られているとは言えない。数々のロアは、庶民たちの風習や信仰を教えてくれるが、その人たちが都市部に住んでいるのか、その郊外に住んでいるのかまでは語ってくれない。すなわち、バネガス＝アロヨのオハは、当時の民衆の一般的な感情を描写してはいるものの、文化人類学的と言えるほどの具体性には欠けている。

とはいえ、ここで描かれている、お金がないことへの無力感、失業への絶え間ない不安、組織的に不当な扱いを受けていることへの不満、また、人々の消費や支出については、多くの有益なディテールを教えてくれる。それゆえ、オハを読んでいくことで、当時のメキシコシティの庶民の暮らしがどのようなものであったかをかなり把握することができるのだ。

参考文献

Diccionario Porrúa. Historia, Biografía y Geografía de México, Editorial Porrúa, México, 1986.
González Navarro, Moisés, *Historia Moderna de México: El Porfiriato: La vida social*, Editorial Hermes, México - Buenos Aires, 1957.

Vanegas Arroyo, Imprenta de A., ［出版元として Tipografía という名称が使用されているが、住所がバネガス＝アロヨ工房のものであるため、同一と断定できる］“Las Luces de los Ángeles: coro de gendarmes”, Avenida de la Penitenciaría 310, México.

Vanegas Arroyo, Imprenta de A., ［出版元として Imprenta Religiosa という名称を使用］, “La vida de un soldado”, 2da. de Santa Teresa 43, México.

Vanegas Arroyo, Imprenta de A., “Loa a Nuestro Padre Jesús de las Tres Caídas”, México.

Vanegas Arroyo, Testamentaría de A., “Tristísimas lamentaciones de un enganchado para el Valle Nacional”, México.

Vanegas Arroyo, Imprenta de A., “Loa en honor de la Santísima Virgen de la Soledad”, 5a. de Lecumberri 2597, México, 1903.

Vanegas Arroyo, Imprenta de A., “Loa dicha por un petatero y una tortillera en honor del Señor de las Maravillas”, 5a. Lecumberri 2597, México, 1904.

Vanegas Arroyo, Imprenta de A., ［別名 Encuadernación］, “Loa de un indio pollero quien la dedica a la maravillosa aparición de María Santísima de Guadalupe”, Encarnación 9, México.【本書ではAGN蔵のオハを使用】

Vanegas Arroyo, Imprenta de A., “Loa dicha por un remendón de zapatos en honor del arcángel Señor San Miguel”, Encarnación 9, México.

Vanegas Arroyo, Imprenta de A., ［出版元として Tip. y encuadernación という名称を使用］“Loa dicha por una cocinera y un aguador en honor de Nuestra Sra. del Rosario”, Encarnación 9 y 10,

México.【本書ではＡＧＮ蔵のオハを使用】
Vanegas Arroyo, Imprenta de A., "Unas pláticas chistosas que cualquiera puede oír entre gatas remilgosas aburridas de servir", Santa Teresa 1, México.
Vanegas Arroyo, Imprenta de A., "¡Trágica muerte de las pesetas! ¡Vida alegre de los veintes! Gran lucha de las Monedas", Santa Teresa 1, México.
Vanegas Arroyo, Imprenta de A., "La pobreza reinante", 2da. de Santa Teresa 43, México, 1912.
Vanegas Arroyo, Imprenta de A., "Gran alarma escandalosa que se vio allá por Chihuahua al oír los tristes lamentos de un patito con Teresa que no llena su barriga por causa de la pobreza", Santa Teresa 1, México.

【注】

1　González, 391頁を参照。

第5章　十九世紀のメキシコシティの女性たち

本章では、引き続き、バネガス＝アロヨ工房のオハを通して、十九世紀末から二十世紀初頭にかけてのメキシコシティに住む庶民階級の女性たちの生活がどのようなものであったのかということについても、見ていくことにしよう。

ここで女性をテーマに絞った理由は、伝統的に、家庭内のいろいろな出来事（夫婦間や舅姑のトラブルなど）の中では、女性が重要な役割を果たしているからだ。

いずれも風刺的な娯楽もので、ポサダやマニージャの挿絵に文章が添えられたオハである。注目すべきなのは、ここに挙げられている問題はいずれもユーモラスに扱われているとはいえ、女性が蔑視されているわけではないということだ。ここでは、男女間や家庭の中のあらゆるドタバタが語られるのだが、最後には、道徳的な結末に落とし込もうとしているところも見て取れる。

これらの風刺娯楽ものの大半は作者不明である。しかし、そのアプローチや感覚の多様性から、四十年近く（一八八〇年から一九二〇年まで）の間に様々な作家によって書かれたものと推測され、バリエーションに富んでいる。パートナー探しのいらだち、結婚生活の不毛やマチスモ（男性優位主義）、美人の多忙な生活と主婦の穏やかな生活、上品ぶった者たちの偽善、不倫相手の不穏な存在、そして最後に、首都の働く女性たちの力強さといった、様々なテーマが際立っている。

■パートナー探しと結婚できないことへのいらだち

相手探しの大変さという題材は、時代や場所を問わず、風刺ものや民話でもっとも好まれるテーマであるようだ。

ポサダによって挿絵を描かれたバネガス＝アロヨ工房の出版物の中に、「行き遅れの女たちが奇跡の聖アントニオ・デ・パドゥアに心よりの嘆願（Tiernas súplicas con que invocan las jóvenes de 40 años al milagroso San Antonio de Padua pidiéndole su consuelo)」（図1）と題した非常にコミカルなものがあり、そこには、痩せ過ぎたり太り過ぎだったりする、醜い老いた女たちが、聖アントニオにひざまずいて懇願する姿が描かれている。面白いのは、投げやりになった女たちは、「なんでもいいから」と頼んでいるところである。
ここで、その要望がどのようなものかを紹介する。

祝福されし聖アントニオ
わが献身の聖人よ
神の聖なるとりなしで、
私に夫を与え給え
老いていようが、隻腕であろうが、
足が不自由であろうとも
私を愛してくれるなら

一兵卒でもだめなら、兵舎の新兵でも
私と結婚してくれるなら

もう年が過ぎてしまっているのです！
将軍や公爵、伯爵、侯爵を求めて
いるわけではありません

TIERNAS SUPLICAS
CON QUE INVOCAN LAS JOVENES
De cuarenta años
AL MILAGROSO
SAN ANTONIO DE PADUA
—PIDIENDOLE SU CONSUELO.—

San Antonio milagroso
Yo te suplico llorando
Que me des un buen esposo
Porque ya me estoy pasando

San Antonio bendecido,
Santo de mi devoción,
Por tu santa intercesión
Dame, por Dios, un marido
Sea viejo, manco ó tullido.
Que me quiera en todo caso.
Y si no un soldado raso
O un recluta de cuartel,
Para casarme con él:
¡Que me paso! ¡que me paso!

No te pido un general,
Duque, conde, ni marqués:
Que lo que yo quiero es,
Un hombre que sea formal.
Sea el ladrón más criminal,
El caso es tener marido,
Ya ves cuanto he padecido
En el materno regazo:
¡Oh San Antonio querido!
¿No ves, no ves que me paso?

Santo misericordioso;
Te lo pido y en ti espero,
Que me des un compañero,
¡Un esposo, un buen esposo!
Aunque sea viejo gotoso,
Nada me importa el fientazo
Porque nadie me hace caso,
Me huyen como á Lucifer;
Piedad para esta mujer,
¡Mira, Santo, que me paso!

Por tu santa caridad,
¡Oh San Antonio bendito!
Ten de mí piedad, piedad,
Por tu poder infinito.
Dame siquiera un vinlito
Que me dé un buen difuntazo;
En este difícil caso,
Arregla mi matrimonio,
Cásame con el demonio
¡Porque si nó, yo me paso!

図1　「行き遅れの女たちが奇跡の聖アントニオ・デ・パドゥアに心よりの嘆願」

求めているのは、
真面目に相手をしてくれる男であること
たとえもっともたちの悪い泥棒であろうとも、
大事なのは夫がいること

実家から出られず、どれだけ苦しんできたか、
あなたはご覧になってきたでしょう
ああ、聖アントニオ、
私にもう時間がないのが、おわかりにならないのですか？

（中略）

美男を求めているわけではありません
洒落者でなくても大丈夫
継ぎだらけの服でもいいのです

（中略）

嫉妬深くさえなければ

夫になったひと月後に
他の女と引き換えるような男でなければ
（中略）
もしも、万々が一にでも
若い男性が色目を使ってくれるなら
酔っ払いでも構わない
そうでなければ行き遅れ

この結婚相手探しのテーマに関しては、女性ではなく男性バージョンの同様のオハも存在する[1]。

聖女様、謙虚な気持ちでお願いしたい
妻がほしいのです
私と連れ添ってくれる女性を
美人でなくても構わない
お洒落でなくても構わない

猫背であっても構わない
そうすれば悩みが解決するのです
私はいつも敬虔な
あなたの信者です、聖リタ

長い裳裾のドレスをまとう
優雅な女性でなくていい
ぼろを着た女で構わない
幾多の男と遊んだ女でも
それでも私には贅沢です
ただ考えるのは
あなたのお助けで
私はもうすぐ結婚できる
私の今に憐れみをかけ
神と共にいることができるよう

（中略）

何度もお願いします、聖リタ
私に妻をお与えください
たとえ兵舎の女でも
たとえ公の娼婦でも
それでも結婚できさえすれば
私は妻を大事にします

（略）

この二枚のオハのおかげで、この手の滑稽ものが、単に女性を嘲笑するためのものではないことがはっきりわかる。どちらの場合も、男性も女性も、結婚するためになら、未来の伴侶の貞操や社会的地位など、もっとも大切なものを犠牲にしても構わないとさえ思っているのである。

「猫背や公娼」を求めたり、「泥棒や酔っ払い」でもよいというほど、彼らは相手にほとんど何も求めない。その謙虚さにはほろりとさせられるほどだ。

「若い男性が色目を使ってくれるなら、酔っ払いでも認めます」というような表現は、希望は最後まで消えないものだということを示している。とはいえ、ステレオタイプではあるとはいえ、これが書かれている時点で社会を支配している価値観が透けて見えてくることもまた、確かである。

■結婚生活の不満

次に、結婚を題材にした作品の話をしよう。皆がどれほど結婚したいと思っているのかを見た後だけに、夫婦関係というもののうまくいかなさには驚くばかりだ。残念ながら、一度念願の結婚が実現すると、男女間で途方もない意見の相違が生じることが判明するのだ。「いつも怒っている既婚者の不満（Pleito de casados que siempre están enojados）」（図2）と題したオハで、このことがよくわかる。

この作品は、ある男とその妻の口論を、韻を精妙に踏んだ十行詩[2]の形式を使って表現したものである。

男は妻に「おまえにはもううんざりだ」と言い、もう夫でも妻でもないと離婚をほのめかし、妻の欠点をあげつらう。これに対して妻は「家に金も入れないくせに。あんたなんかもうぜんぜん愛してない。他の女でも探すがいい」と応酬する。ここまでなら、どっちもどっちの夫婦喧嘩のように思われるが、争いはエスカレートし、夫は妻に「刃物を出させるなよ」、つまり「これ以上怒らせると刺すぞ」と彼女を脅すまでに至る。

男がナイフを抜くかもしれないという差し迫った危険に直面して、隣人が「これ以上の騒ぎはやめろ」と叫んで家から出てきて、そこにいた少年に「警官を呼んでこい」と頼む。

第4章で述べたように、その警官というのも、バネガス＝アロヨのオハの中では、絶対的な正義でも権威でもない。むしろ、同じ貧困層の「こき使われる身」である。さらに、しばしばオハの中で、警官は権威として登場する場合であっても、効果的な権威というよりも、形だけで中身のない権威として表現される。つまり、バネガス＝アロヨは、非常に巧妙かつ意図的に、権力へのストレートな批判を避け

図2　「いつも怒っている既婚者の不満」

ているのではないかと筆者は考えている。しかし、妻はそれでもひるまない。

私が怖がっているとでも思うの？
こっちだって棍棒で殴ってやる

さらに、こう挑発する。

女相手と強気に出る
邪悪な臆病者だから
ズボンをはいてるってだけで
えらいと思ってるんでしょう

話を戻すと、警官は来ず、夫は妻を殴りつける。それがわかるのは、彼女が「こんなにひどく私を殴るなんて」と言うからだ。これに彼はこう応答する。「おまえが、こんなに騒ぎ立てなければ、殴ったりはしなかった」。さらに、こう付け加えて彼女を侮辱する。「下賤な売女のくせに」。彼女も負けずに、夫の暴力を非難する。

私の歯まで折るなんて
それしか能のない男なら
それならちゃんと食べさせて
それすらできっこないくせに

物語はここで終わる。ここで読者は、この話のどこがコミカルなのかと思うだろう。実際のところ、明らかな家庭内暴力の物語であり、話の内容はどこをとっても笑える要素はないに等しい。しかしながら、ポサダの手になる戯画的な版画と表題、そして、十行詩の語呂の良さは、読者に、まるで喜劇的な題材であるかのように思わせるものがある。つまり、こういったことは、この時代のメキシコではさほど特別なことではなく、ある意味で、結婚生活でのマチスモの典型的な野蛮な実態を反映していると見ることができる。

■百人の夫を持つ女

女性が正式に結婚しないままに、相手をとっかえひっかえして生きていくと、どうなるのかというケースを見ていこう。このテーマを扱った三枚のオハを紹介する。

◆ケース1

オハの一枚目は「世間や不実な男たちを知るためには、私は百人の男と付き合わなくてはならなかった（Para conocer el mundo y a los hombres fementidos tuve que llegar a ser mujer de cien maridos）」（図3）と題されている。女性が「良い伴侶」を見つけるのは簡単ではない。この場合の良い伴侶とは、物質的な保護と愛情を与え、過度に嫉妬深くなく、暴力的でもない人物のことだ。

このオハの女性のケースは、以前に見た醜い女性たちの場合とは少々異なる。彼女は若く美しく、相手を選べる立場にいると言ってもよいからだ。さらに、その娘、ファニータには「彼女の面倒を見てくれる」ような家族がいないことが示唆される。それゆえ彼女は、安定した生活を与えてくれる良い伴侶を見つけようと、次から次へと男を渡り歩くのである。

オハの中で、この娘は、次のように語る。

いつだって男のために
多くの犠牲を払ってきたわ
あらゆる職業の
千人の夫を探してきた

皮なめし職人のカレドニオは
私をさんざん殴ったあげく
つるつるの羊の皮だけ
置いていった

（中略）

裕福なレボッソ（ショール）売りの
カサレオに恋をした
でも私を覆うのに
借り物の粗布をよこしたわ

（中略）

それにうんざりして、マセドニオのところに
私が入れ込んだ印刷工
二ヶ月一緒にいた間
一週間も食べさせてくれなかった

図3 「世間や不実な男たちを知るためには、私は百人の男と付き合わなくてはならなかった」

それから左官に恋をした
千鳥足のカルロス
プルケ（酒）と膠《にかわ》で
私を養えると思ってた

果物売りのラファエルとは
八ヶ月近く暮らしたの
その間というもの
くるみの殻ばかり食べてたわ

（中略）

そのあと乗り換えたのは
御者のガブリエル
たった二十日間で
私は紙より痩せちゃった

静かに暮らしたくなって

高望みなどせずに
今は誠実な宝くじ売りの
ドン・コスメと暮らしてる
二人は愛し合っていて
ともに怒りっぽいけれど
お互いの短所には
辛抱強く我慢する

不実な男たちはもうたくさん
もう私は多くの男など
求めていないのだから

このオハの作者が誰なのかはわからないが、バネガス＝アロヨ工房に女性作家がいたという話を聞いたことがないので、男性であると推測できる。この文章の筆者は、彼女が「誠実な宝くじ売り」に出会うまでの苦い体験を語っているという意味で、明らかに若い女性の側に立っている。彼は男として、同性が女性を不幸にする傾向があると思っているのか、それとも女性の立場に同情的であろうとしているだけなのか、どちらなのだろうか。

いずれにしても、「ドン」という呼称は、通常、年配の男性に使われることから、「誠実な宝くじ売り」はファニータよりもかなり年上であり、宝くじを売ることはさほど儲かる商売ではないので、暗に彼が裕福ではないことをも示している。さらに言うと、宝くじ売りというのは職業ですらない。しかし、すべてがうまくいっているように見えるのは、彼女が的確に述べるように、両方とも「怒りっぽい性格」をしているにもかかわらず、「お互いに非常に愛し合っていて」、「忍耐強くそれぞれの欠点を我慢する」からである。

この娘は、相手を選んでいることから、主体的に生きていると見られなくはない。しかし、一方で、彼女が、服を着せ養ってもらうために男を必要とするので、さほど主体的というわけでもない。他のオハには、自活する女性が何人も登場し、他の女たちよりも幸福をつかむ者も描写される。そういう意味では、このオハの少女は、男性に依存し、その結果として、ろくに食べ物も与えられず「紙よりも薄く」されたり、レボッソ（ショール）を贈られるはずが「借りものの粗布」を着せられてしまったりと、幸福とはとても言えない。

遍歴の末、この娘は誠実な人物と出会い、愛され、一定の安定感を得ることができたので、幸運だったと言えるだろう。彼女の物語は、我々に三つの教訓を与える。一つは「高望みをしない」ということ。二つ目は、不実な男は世に多いということ、最後の一つは「持っているもので人を判断してはいけない」ということだ。彼女が付き合った男たちの中では、裕福なショール売りが一番ひどいものだった。彼は高価なショールを持っているにもかかわらず、「借りものの粗布」で彼女をくるんだのだ。すなわち、このオハはコミカルなだけでなく、モラルのある内容になっている。

◆ケース2

それでは次に、「ブローチを飾るように百人の男と付き合った女（La mujer de cien maridos como alfileres prendidos）」（図4）のオハを見よう。文章は以下のようになっている。

私にはたくさんの男がいる
だけど、私は快活で
みんなを楽しませてるの
とっても可愛い女として

（中略）

あの間抜けどもからは
いつも山ほどプレゼント
私の愛人だからこそ
私のために金貨を使う

（中略）

私は一晩中眠れない
セレナーデ[3]の歌がうるさくて
山ほど私に群がってくるの
みんな手に手にビウエラを持って

（中略）

しつこい男があんまり多いと
気が変になってしまいそう
すぐにその気になる男たちに
心が休まる時もない

図4　「ブローチを飾るように百人の男と付き合った女」

また、相手を次々に取り替えることと、金を巻き上げるために自分が一番好きだと思わせつつ、複数の相手と同時に付き合うこととは違う。この二枚目のケースは、男を手玉に取る女に尽くすがゆえに、そんな経済的に恵まれた階級に属する男性たちを愚か者として描いている。

この女性は、彼女のために間抜けどもは「金貨を使う」と断言している。そのことからわかるのは、この女性は、先ほどのような、若くて可愛いけれど素朴な田舎娘ではなく、社会経済的に少し上のランクの女性であることだ。彼女自身は上流階級には属していないが、エレガントな女性の身体的特徴や着こなしを身につけていなければならない。そうでなければ、彼女を「少し口説くだけのために」男たちが山ほどの高価なプレゼントを持ってくると描かれることはないからだ。

素朴な下層階級の娘が村の男たちからそのような扱いを受けたりはしないことは、すでに見てきた通りだ。「村レベルのモテ娘」と「上流のモテ娘」の違いには注目すべきである。

一方で、庶民階級のドン・ファンはそのようには描かれていないことにも注目しておこう。複数の恋人がいるような男だとわかっているのに、それでも彼を求めるのは女たちの自由意志だからだ。バネガス＝アロヨのオハは大衆向けのものであり、そのため、街場の男はとても毅然とした主体的な存在として描かれ、「地位の高い」男は悪女に簡単に引っかかるような愚かで受動的な存在として描かれている。そうすることで、彼らは社会秩序を逆転させるのだ。

「村レベルのモテ娘」ファニータには誰も彼女にタダで何かを与えたりしないので、彼女は「上流のモテ娘」のような「フリーライダー」ではないことにも注意しよう。さらに悪いことに、周囲の男たちがやっていることは、彼女と楽しんでから棄ててしまうことだ。彼女はモテているように見えて、実際は利用されているだけの敗者なのである。

印刷物や表現の中に奔放なモテ娘が現れる場合、それはむしろ女性がこれらの物語を通して、このような娘たちがどのような悪い結末を迎えるか、そして、だからこそ地道に生きることが大事であるという教訓を与えるためのものだと言える。

男性も同様である。オハの中で、悪女に貢ぐ男たちが愚か者として描かれているのは、男性たちが、そう簡単にその種の女性の網に落ちないようにするためである。つまり、これらのオハは、読者を楽しませるだけでなく、道徳的な教訓を与えるものでもあるということだ。

◆ケース3

ここで取り上げる最後のオハのタイトルは「奔放な女が丸く収める（Para que no halla

camorra ahí les mando esta cotorra)」（図5）というものだ。中南米のスペイン俗語では「cotorra」は「女性器」を意味し[4]、メキシコでは「despeinar la cotorra」は「性行為を行う」という意味[5]なので、このオハには特別な興味をそそられる。なぜなら、第一に、バネガス＝アロヨの出版物の中では、露骨な性的・エロティックな意味合いを持った作品が珍しいこと、第二に、他の作品に見られるような「男女の駆け引き」のようなトーンではないこと、第三に、バネガス＝アロヨが最初の工房を開いたばかりの頃の作品であることから、「複数の相手と交際する女」というジャンルが早くから培われていたことがわかるからである。

しかし、このケースで描かれる「コトラ」は、私たちが見てきた他の女性とは異なっている。誘惑的でもなく、若くもなく、可愛くもないことに加えて、求めるのではなく、むしろ与えるという意味で、だ。

挿絵で、この女性が、小鳥の姿で描かれているのは、スペイン語で、「cotorra」という単語に、インコという意味もあるからだ。

つまり、この文章の匿名の作者によると、このちょっと年のいったお喋り女性は「若い男の子が好き」だという。

彼女は学生を大事にする
貧しい大工と同じほど
レンガ職人も同様に
それからインディオの炭売も

（略）

彼女にはみんな価値がある
みな同じように愛してる

（略）

ただ愛情でやっている
金を儲けるためでなく

（中略）

金持ちならばそれなりに愛し
貧乏人もまたそれなりに

PARA QUE NO HAYA CAMORRA
AHI LES MANDO ESA COTORRA

図5「奔放な女が丸く収める」

女にとっては物乞いではない
女が恋人を援助するだけ
女が求めるのはただ愛のみ
この話好きな年増女《コトリータ》が

この筆者は、彼女にとって大切なのは、若い男性たちが彼女を「変わらず愛し続けること」と書く。それと引き換えに、一介の料理人でしかない彼女が男たちを養い、立派な服まで買い与えるのだ。

つまり、彼女さえいれば、彼らは不自由しない。

パンバソ（じゃがいもとチョリソの揚げサンドイッチ）もエンチラダも彼らのもの
プルケ酒のための小銭もわたす
ただそれは夜になったら
雄鳥が足を入れてくれること

彼らは互いに利益を得ている。この物語では、他の物語と違って、男女の綱引きはなく、一方が他方を経済支配する諍《いさか》いもない。嫉妬や非難といったシーンも一切ない。美人とは言えない料理人は庶民階級の女性だが、誰も彼女の年齢や「あれ」への過剰な関心を非難しない。それどころか「彼女にとってはみんな価値がある」「彼女は平等に愛している」「彼女はお金を儲けるためではなく、援助のためにそうしている」と称賛さえしている。

このオハの性的な内容は露骨だが、女性を嘲笑したり、異常であるかのようなトーンではない。料理女は、往年のモテ女でも美しい未亡人でもないが、こういったパターンの情事は、本書では特に取り上げないものの、バネガス＝アロヨが彼の工房初期に出版した「未亡人と聖具係（La viuda y el sacristán）」という作品にも見られる。ここに現れる未亡人も、やはり悪女でも淫乱でもないのだ。

メキシコのマチスモ文化のもとでは、このようなコンテンツは滅多にあるものではない。もっとも驚くべきは、この「コトリータ」を称賛する論調だ。つまり、メキシコ庶民の価値観の尺度では「平等であること」がもっとも重要で望ましいものと考えられている。バネガス＝アロヨ工房の韻文の中で、「死」が非常に尊重されているとすれば、それは死というものが差別をしないからであり、誰に対しても「平等」であるからだ。このオハの例外性についてはこれ以上掘り下げることはしないが、ここでは性と女性の主題がかなり非定型的に扱われていることは明らかであり、それゆえにこのオハには特別な価値があると言える。

■街場の恋人たちは、休日にどういうデートをしているのか？

バネガス＝アロヨのオハの戯曲の中には、他にも興味深いものがある。例えば、一人芝居「台所にて（En la cocina）」（図6）では、金持ちの家に雇われた若い料理女が、彼女の恋への願望や、人生への期待を語っている。彼女は自分を幸せにしてくれる男性を見つけたと思っていたが、「彼女をとても愛していた」はずのその男性が、別の女性と浮気していることを知ってがっかりする。

彼女の名前はプロコピアで、恋人は基本的に庶民階級の男性ばかりだ。彼女が語るのは、猫背の憲兵、御者、水売り、菓子売り、聖具係、門番、皮なめし職人、代書屋、兵士、ペンキ屋、プルケ売り、仕立て屋、二人の薬売り、芸人、

図6「台所にて」

三人の楽士、闘牛士、印刷屋、道化師、肉屋、車掌、馬丁、下僕、手回しオルガン弾きらのことだ。その中には、学生、代言人、歯抜師、泥棒までもが含まれている。

この娘は、「今までの男とは違う」マルコスに入れ込んでいる。彼女は、男のずるさに翻弄されて遍歴を重ねるファニータに近いタイプの女性で、まさにその理由で、彼の表面的なやさしさに目がくらんでいる。

彼女によると、マルコスは彼女を「とても、とても、ものすごく愛している」。デートに出ればエンパナーダやアイスクリーム、キャラメル菓子や、ケーキやオレンジやバナナ、魚やアボカド入りの揚げパンなどを買ってくれ、そのうえ、なにかというとプルケ酒をおごってくれるのだ。彼女は「そんな男は探してもらっても見つけられるものではありません」。今までに付き合ってきた恋人の中で「マルコスのような人は他にいない」と言う。他の男たちは嫉妬深く、ケチで、酒癖が悪かったりと、性格に難があったからだ。彼女によると「近所の他の奉公人たちは、中央広場で一緒にいちゃつく（お互いの手をつまんで噛み合う）のを見て、とても羨んでいるのです」。

言うまでもなく、日本では、恋人同士が「お互いの手をつまんで噛み合う」などということはない。この行動は非常に文化的なもので、メキシコでも上流階級の間では、けっして見られることはない。

しかし、やがて、その素晴らしいマルコスが、思っていたほど良い人物ではないことが判明し、プロコピアにとっては最悪の結末を迎える。ある日、ベランダから外を眺めていると、彼女が「あんなに彼を愛し甘い言葉を囁いた」そのあとに、その当の彼が「性悪で僻目で下品な」女と一緒にいるという耐え難い場面を目撃してしまう。ここで彼女が使う形容詞は、嫉妬心と嫌悪感の発露であることが明白で、笑いを誘うものがある。バネガス＝アロヨの版画に登場する恋のライバルは、すべて片目か僻目というのは、なんという偶然だろうか？

ここで我々は、またもや、メキシコ社会において、男女関係は、緊張したものであることを見てとる。男たちは女好きで、気前よくオレンジやバナナや駄菓子を買ってやるだけで、彼に惹かれてしまうような娘たちも後をたたないのだ。幸か不幸か、プロコピアはマルコスを失うことになる。劇中では、料理人である彼女が、目の前の火に彼の似顔絵を投げ入れて、彼を罵るのだ（彼女は彼を「悪党、嘘つき、裏切り者」と呼ぶ）。この芝居は滑稽ものであり、それゆえにかなり誇張されたものであるが、しかし、当時の風俗についての興味深い情報を提供してくれる。

■主婦たち

「百人の男と付き合った女」は、当時のメキシコ社会では、到底、女性の理想とは言えない。女性は何よりもまず「主婦」であるべきだと考えられていたからだ。理想の女性は、尻軽ではないし、遊び歩きもしない。彼女らは家の中で義務を果たすべきとされていた。

バネガス＝アロヨの戯曲の中には、「長屋の人々（La casa de vecindad）」（図7）と題されたものがあり、十九世紀の人々にとっての「主婦」とはどういうものだったのかを知ることができる。筋はとてもシンプルで、朝早くから庭の掃除をしている女性の大家さんの目を通して、店子《たなこ》の人たちの日常が描かれている。面白いのは、大家さんがすべての入居者の生活を把握していて、自分の道徳観念に従って一刀両断にしていることだ。

図7 「長屋の人々」

たとえば、水売りの妻は家を汚くしていること、店子の女性の多くは、お腹をすかせたり借金をしたりしてでも、サルスエラ（喜歌劇）を見に行きたがっていること、若い娘たちは、道を踏み外した尻軽であること、信心家ぶった女たちとて、いつも教会で友達とつるんでは料理をする間すらない悪妻、と彼女に思われている。

男たちも滅茶苦茶だ。例を挙げると、隣人の一人ドン・フェリックスは「妻を太鼓よりもひどく叩いている酔っ払いのクズ」なのだ。

この大家さんは、男女を問わず辛辣なのだが、特に「汚い」「料理ができない」「留守がち」「友達と遊び歩く」「尻軽」「歌好き」「無駄遣いで生活費を犠牲にしている」などと女性を非難する。つまり、あるべき主婦とは、その正反対と考えられているわけだ。

バネガス＝アロヨの他の大衆向け印刷物でも、これらの価値観の存在が確認される。「怠け者のボラ（La bola de los flojos）」という歌（ボラというのは、メキシコの民謡形式の一種）には、「夫がいれば、褒めそやす」が、「夫が仕事に出かけるとすぐに遊びに出かける」という人妻が登場する。

具体的には、「隣人とおしゃべりをしに行き、十二時になると、急いで家に戻って、コンロでチリとうがらしを焼く」、そして、空腹で死にそうな夫が家に戻ると、夫にほんの少しのチリと、あれば少しの肉を出す。どう考えても、十分もかけていない。

「ロレトの幽霊の歌（Canción de los fantasmas de Loreto）」（図8）と題された別のオハは、ずるい年かさの男が世慣れない少女を言葉巧みに誘惑しようとするものだ。

男は言う──ロレトの塔の
幽霊を見に行こう
その歌声を聴こう
それを口実にして

おいで、可愛いペトロナ
とんまなママに言ってくれ
幽霊を見ようと
そして、ぼくらはそこで会おう、
いいだろう?

いるはずのないものを怖がって
みんなが唖然としているうちに
互いに千回のキスをしよう
きっと面白いぞ

このような誘いには、好奇心旺盛で世間知らずの娘なら協力してしまうだろう。

llta añadió una vieja con catarro. Resultado final. La gente vá á ver todas las noches lo que no se puede ver.

Canción de los Fantasmas de Loreto

Vamos á ver los espantos
De las torres de Loreto.
Vamos á oirles sus cantos
Que son puro parapeto.
Anda mi chula Petrona.
Dile á tu zonza mama
Que vas á ver los fantasmas,
Y allí nos vemos, ¿estás?
Y mientras todos se embeban
Viendo espantos que no hay,
Nos daremos mil besitos,
Gozando mucho, ¡caray!
Allí casados quedamos
Sin dar más explicación,
Que el fantasma aplaudiendo
Nos echa la bendición.

LA BOLA DE LOS FLOJOS

Ahí les vá la bola,
Señoras del gusto también,
Y de la alegría,
Mucho les suplico
¡Ay! que no se ofendan,
De esta mala bolita,
No arrollando por parejo,
Nomás de esas coscolinas,
De esa de la tandarida
Que son de sangre muy fina.
Si tienen marido
Lo alaban bastante,
Mientras está él en casa;
En cuanto se vá él á su trabajo,
Van á darle vuelo á la hilacha,
Se van luego á platicar
¡Ay! con cualquier vecina,
Sepa el demonio lo que hablan
Semejantes coscolinas.
Cuando son las doce
Van á la carrera
Muy pronto para su casa,
Asan unos chiles
Dentro del fogón,
Y lo sacan con las tenazas,
Llega el marido y les dice:
"Vieja, yo ya tengo harta hambre"
Fué tantito chile verde
Y un pedazo de la carne.
Salen á la calle
Muy á la carrera
"Amiga, tú dame tantita manteca
Para freir yo mi cecina"
¡Ay amigos es muy cierto
No me lo vayan á creer,
Ustedes aquí en la Bola,
Y otro allá con su mujer.

CONSEJOS DE UN VIEJO.

Si alguna vez, joven incauto
Piensas casarte,
En los consejos que ahora te doy
Debes fijarte:
Nunca prefieras
A una mujer
Que sea melosa,
Porque tu vida
Te será muy fastidiosa.
Hay mujercitas que quieren al hombre
Pero de veras
Y otras que visten á sus maridos
Con calzoneras.
Y al querer encontrarte
Una buena esposa,
La buscarás que aunque fea
No sea mañosa.
Algunas niñas de doce años
Desean marido,
Y aún ni á barrer ni á guisar
Han aprendido
Por eso si están deseando
Eternamente el encontrarse
Un maridito que sea prudente.
Hay mujercitas que son muy limpias
Y muy juiciosas.
Pero las más son rete puercas
Y muy chismosas.
Querido joven, yo ya me voy
Toma el consejo
Que te lo da el corazón
De un pobre viejo.

Tip. [illegible] Antonio Vanegas Arroyo, Calle de Sta. Teresa [illegible] México.

図8 「ロレトの幽霊の歌」

風刺もののオハは、この種のあらゆるドタバタを描いているが、その目的は、若い男性には結婚の危険性について、若い女性には誘惑の危険性について道徳的に警告することだ。だから、同じオハに「無分別な若者たちへ、人生の先輩からの助言」という文章が書かれていることが多い。また、結婚願望のある若い男性には、はっきりと「甘ったるく」「抜け目なく」「噂好き」ではない女性を探すようにと勧めている。

■油断も隙もない誘惑者

風刺画の中では、ゲームとして、若い娘に恋をさせようとする「道楽者」、「洒落者」、「ペテン師」（最後のものは金持ちの紳士を装った貧乏人のこと）も、繰り返し出てくるテーマとなっている。腹黒い誘惑者は、若い女性には危険な存在だ。親はそれに怯えるあまり、なんとか二人を引き裂こうとする。「口説き上手な洒落者を撃退（Repelito de catrines que les gusta enamorar）」（図9）と題されたオハの次のような記述を参照してみよう。

たちの悪い男はたくさんいる
ただ、あたりをうろつきまわり

足のきれいな娘に惚れる
でも金は？　いつになったら！

（中略）

連中は手袋とステッキを持っている
ズボンは破れかけている
つまりそれは偽装なのだ
質屋から出してきた
フロックコートで覆い隠す

おしゃれな娘を追っかけていくと
お菓子売りも寄ってくる
そういうところでバレるのさ
その革財布には
チップの小銭も入っていないのが

（中略）

REPELITO DE CATRINES
QUE LES GUSTA ENAMORAR
Y FIGURAN MIL JARDINES
SIN HALLAR EN SUS CONFINES
NI UN CIGARRO QUE FUMAR

¡Vaya que me causa risa
Ese que me va siguiendo,
Ya parece que estoy viendo
Que no tiene ni camisa,
Pero eso sí, se va riendo!
Hay muchos de esos rotitos
Que no más andan vagando
Y también enamorando
A las de los pies bonitos;
¿Pero con pesetas....¡cuando!
Los domingos van á misa,
Con alto cuello postizo,
Aunque de mugre cenizo,
Cantándole á Juana ó Luisa
O á la que mejor le quiso.
Y van con guante y varita
Con el fondillo rasgado;
Eso sí, disimulado,
Pues lo cubre la levita
Que del empeño han sacado.
Si siguen á una catrina
Y se le pega el dulcero,
Ahí es donde verlos quiero,
Pues no llevan s:i propina
En sus bolsillos de cuero.

—Escuche Ud., señorita,
Nos dicen saliendo al paso,
Reciba usté esa esquelita,
Porque de fuego me abraso
Al mirarla tan bonita.
En estas sigue el dulcero
Al rotito camelando
Cual si le fuera cobrando
Al estilo de usurero;
Y el roto va renegando.
—Hombre, yo dulces no quiero
Si me impacientas te arranco
La lengua por altanero;
Yo traigo mucho dinero
Pero en billetes d:s Banco.
—Conque ande usted, señorita
Reciba usted mi papel
E impóngase usted de él;
Ruego por su mamacita
Que no sea usted tan cruel
—Vaya usted por su camino;
Contesta ella con rubor;
No me moleste, señor,
Creo no tiene ni un comino
Y ya pretende mi amor.

図９「口説き上手な洒落者を撃退」

一文無しのくせに
投げ言葉だけは巧み
タバコ一本持てないくせに
女を誘惑するのは上手い
高そうなブーツを履いているが
でっかい穴が空いていて
靴下も足指も見えている
そういうやつが見栄っ張り《カトリン》だ

（中略）

連中は他人の物が好き
置いておこうものなら持っていく
馬鹿なやつで試してみる
初心者を試し
騙すのさ

（中略）

そこから安物売の店に行く
企みを実現するために
（中略）
どんな値段でも売ってやる
元手がかかっていないのだから
盗んだもので懐は豊か
政治家よりも立派に見える
（中略）
見栄っ張りども、哀れなり
皆が彼らを軽蔑する
プルケ屋の安女中ですら
連中よりはずっとまとも
娘たちを待ち伏せする
この手の連中は

善意にしろ悪意にしろ
軽薄な娘たちを傷つける
ジャケットも着ていない分際で

（中略）

育ちの良い娘たちで
ちゃんと善い意思を持っていたら
こんな洒落者や詐欺師を信用しない
なかなかの誘惑者で
天使のように見えたとしても

この「見栄っ張り《カトリン》」の主題は、風刺的でコミカルなオハと演劇作品の双方に何度も見られ、大衆印刷物の中で人気のあるテーマの一つだ。ここに女性は直接的には登場しない。とはいえ、誘惑者の目当ては若い娘であり、それゆえに、年頃の娘を持つ多くの父親は不安にさいなまれるのだ。

したがって、バネガス＝アロヨのオハの警告は以下のようなものとなる。世間には誘惑者が多いので、未婚の娘を持つ家族は気をつけなければならない。また、娘自身も、ことさらに男の目を惹こうとしていると、二倍の危険にさらされるので気をつけるべし。この種の風刺的でコミカルなオハでは、口説きものにかなりのスペースを取っている。

■真面目で働き者の女たち

とはいえ、バネガス＝アロヨの出版物に、真面目で勤勉な女性の描写がないと考えてはならない。むろん存在するし、非常に興味深いものだ。

一つの例を挙げるだけで十分だろう。バネガス＝アロヨの戯曲の中に「警官たち（Los gendarmes）」（図10）と題されたものがある。この劇では、町の貧しい女性ドニャ・パチータが、街角に、トウモロコシを売りに現れるところから始まる。彼女は「業者も買い手も来ない」と悲しんでいて、このままでは「アトレ（トウモロコシ粉で作った飲み物）を買う小銭も手に入らない」と思う。「孤独の聖母様、お恵みを」という台詞があることで、彼女はメキシコシティにいて、孤独の聖母を信心していることがわかる。孤独の聖母は、メキシコシティのもっとも貧しい地区で祀られているからだ。

その時、彼女は、次の街角にいる二人の「見栄っ張り《カトリン》」を見かける。貧困地区をうろつき、若い娘のいる家のベランダを覗いたり、欲しい物があると商人からだまし取ったりするような連中であり、スペインで「悪党《ピカロ》」と呼ばれているのと同じような、社会の寄生虫だ。トウモロコシ売りのパチータは彼らを見て最初は客だと思って喜ぶが、すぐに彼らが偽のコインで支払おうとしているのに気づく。彼女によると、紳士のふりをしたこれらのカトリンたちは、「自分たちが食べるために、貧しい者を犠牲にする連中」ということになる。このパチータは、この劇では被害者であると同時に「ヒロイン」でもある。彼女に警告を発し、連中が彼女に支払った四枚のレアル貨が「錫箔」のまがいものであることに気づかせてくれるパン屋のドン・コスメと共に、正直で勤勉な人々の代表である。

小悪党のカトリンたちは、詐欺を最後までやり遂げようと躍起になって、警官を呼ばせる。善良なトウモロコシ売りの女性を「泥棒で無礼」だとして警察署に引っ立ててもらおうというのだ。しかし、それができないばかりか、彼女を激怒させる。拙いスペイン語で、彼女は言う。

図10 「警官たち」

「そういうことをしたあとで／連中は私に痛手を負わせようとした／冗談じゃないよ／気晴らしにひどいことをする／邪悪で恥知らずな奴ら」

この作品でも、登場する警官は、権威の象徴というよりも、権威のカリカチュアである。彼ら自身、意味がよくわからない法律用語を並べ立てるしか能がない。そんな頼りない権威を前にして、ドニャ・パチータが「悪党」で「恥知らずのカトリン」を殴って終わるのは当然のことで、冒頭の彼女の穏やかな振る舞いと、最後の怒りは対照的だ。

カトリンたちの企み通りにいかないという点で、芝居はドタバタ喜劇として終わる。殴打が始まり、多くの通行人が騒ぎに加担すると、警察は全員を平等に警察署に連れて行くのである。

しかし、このトウモロコシ売りに伴侶がいるのか、シングルマザーか、他の事情があるのかといった背景事情は書かれていない。わかるのは、自活するため、あるいは家計を助けるために、物売りに出ているということだけだ。バネガス＝アロヨのオハには、他にも、彼女のような女性が登場する「トルティージャ売り」という作品もある。どちらも、女性が働かなければならないような、恵まれない社会階層に属している。すなわち、女性を怠け者として描くオハもあるが、男性と並んで一家を支える存在として描くオハもあるのである。

■新時代の娘たち

バネガス＝アロヨの版画に登場するキャラクターは、十年以上にわたって出版社に協力してきた作家たちが作り上げてきた、ある種、典型的な人物像である。とはいえ、そこから逸脱したものもないわけではない。

ここに、特筆すべき二枚のオハがある。どちらも「骸骨もの《カラベラス》」というジャンルに属しており、すでに第3章で述べた、メキシコの死者の日の祭りの間に一般消費者向けに制作された滑稽ものだ。

以下に紹介する文章は「コヨーテと哀れな女の骸骨（Calaveras de coyotes y meseras）」（図11）というものだ。時代の変遷につれ、風俗にも変化が起こる。作家たちもそれらを捉えていったということだろう。一九一九年の作品で、工房の主要な協力者の一人であったチョンフォロ・ヴィコの署名がある。アントニオ・バネガス＝アロヨは一九一七年にすでに亡くなっているため、この作品を彼に依頼したのは、彼の子供と未亡人であろう。

この作家はここで、それまでは存在しなかった女性の職業に言及している。「ウエイターやバーテンダーから仕事を奪うウエイトレス」だ。

一体どうやって？　簡単だ。つまり、セックスアピールを用いて、バー《カンティナ》に来る客に、ダンスの合間に「まるまる一リットル」も呑ませ、さらに「裏の小部屋」で「いかがわしいことをしている」のである。それは、娘たちが「収入を増やす」ために、キスをさせたり、特別な場所を触らせたりしていることを暗示している。作家はそんな「ずる賢いウエイトレス」たちを悪意たっぷりに見、「アイスクリーム屋まで来て、はしゃいでいる」とスキャンダラスに描いている。

また、「尻軽なウエイトレスの浮気症の骸骨（Calaveras zalameras de las coquetas meseras）」と題された日時も作者も不記載のオハ（おそらく、これもチョンフォロ・ヴィコ自身が書いたもの）があり、そういった娘たちの生態についてさらに詳しく描かれている。このオハでは、第3章図12の「カラベラの大舞踏会（Gran baile de calaveras）」と同じイラストが使われている。こ

図11　「コヨーテと哀れな女の骸骨」

のように、同じ意匠が違う内容のオハで用いられていることもしばしばある。
文章は以下のようなものだ。

ウエイトレスの五十%を占める
恥知らずの娘たち
本来やるべき
仕事から逃げて

（中略）

上手に稼ぐウエイトレスたち
真面目な人より何倍も

醜い娘たちは可愛そう
働くために生まれてきた
その間、別嬪《べっぴん》さんたちは
お色気だけで稼ぐのさ

バネガス＝アロヨのオハで描かれる中で、ここで紹介されているような最新の生々しく嘆かわしい傾向について言及しているようなものは非常に珍しい。彼女たちは今まで見てきたような典型的な尻軽女ではないし伝統的な売春婦でもない。彼女たちは、アイスクリーム屋のような家族の健全な楽しみのためにあるような場所でも見かけられ、いい報酬を得ているが、不道徳なものであると知られている。これらの二枚のオハが描く内容によると、二十世紀の初め、若い女性が、セックスアピールを用いることで、より楽で収入のよい仕事を見つけたということだ。むろん、彼女ら自身もバーのオーナーに搾取されているに違いないが、そのことについての言及はない。

もう一枚、目を惹かれるのは、「ボルサ地区の色男の骸骨（La Calavera del Tenorio de la Colonia de la Bolsa）」（図12）と題されたオハだ。一九一三年のもので、バネガス＝アロヨのオハでは今まで見たことのないタイプの女性が描かれている。ポイントは「ラ・ボルサ」という庶民的な新興地区の様子が描かれているということだ。

ゴンサレス＝ゴメスによると、この新興地区は、一八八二年から一八九四年の間に、地方からの何千人もの移住者や、首都の中心部で家賃の安い家を見つけられない貧しい人々に住宅を提供するべく、中小の不動産会社が、テピートの庶民的な地区に建設した四つの住宅地のうちの一つであったとされる。他の三つの地区と同様、そこには「多くの単身者（男女共）、多くの母子家庭」が暮らし、その人口のほとんどがメスティソであり、ほぼ全員が「職人、建設労働者や物売り」で構成されていた[6]。

バネガス＝アロヨのオハに戻ると、ボルサ地区の女性たちは勇敢で、自衛する方法を知っていることが書かれている。

その方法を見てみよう。

ボルサ地区の女に
しつこくつきまとうなかれ
なぜなら身ぐるみ剥がれて
煉獄に叩き込まれるから

なぜならあそこでは
女でも勇敢で
死をも恐れず
獰猛な野獣のようだから

やさぐれマリアは

LA CALAVERA DEL TENORIO
De la Colonia de la Bolsa.
Ojo, mucho ojo, señores | Que aquí esta la calavera
Del mismo don Juan Tenorio
Que no le teme a cualquiera.

図12　「ボルサ地区の色男の骸骨」

鉄火肌が自慢の美人
なにもこわがらない
拳も銃弾も
彼女には想い人がいるが
誰も近づかない
粉でもかけようものなら
あとがおそろしい

（中略）

彼女はプレイボーイも
死神も骸骨も怖くない
包丁を振りかざす
ファン・クエルダスが相手でも

この女性は、先に登場した料理女やトウモロコシ売り、主婦らとはなんの共通点もない。前述の女性たちも、それぞれに勇気は持っていたであろうが、必然的に（つまり、生き延びるために）男勝りの性格を研ぎ上げてきたラ・ボルサ地区のこの女性ほど、きわどいところに住んでいたわけではない。この女性に手を出してはならないのだ。

しかも、男女の関係を支配しているのは彼女の側である。彼が浮気をしたくてもできないのは、彼女が「ぴかぴかの包丁で」、彼に近づこうとするどんな女性でも怖がらせてしまうからだ。バネガス＝アロヨの印刷物の中で、これは実に目新しい。

それ以前の時代に出版された大半のオハの登場人物は、一般化された典型例が多いのだが、この二枚のオハには、二十世紀初頭の生々しい現実のメキシコが反映されており、その違いこそが、後者に特別な価値を与えていると言える。

ここまでざっと、オハの中に登場する様々なシチュエーションの女性たちについて見てきた。とはいえ、十九世紀の庶民階層の女性はこのようであったというような結論を一つだけ出すのは難しい。しかし、このデータの蓄積から見えてくるものがあることも確かである。

女性は慎み深くおとなしく家事をしていたいわけではないこと。家庭内暴力が存在したこと。多くの女性が料理人や使用人、物売りなどとして働いていたこと。しかし働いていても、稼ぎが少ないので、養ってもらうために職人や商人のいい伴侶を見つけようとしていたこと。

また、若い娘は日曜日に彼氏と遊びに行ったり、ちやほやされるのが好きであったこと。「キスやペッティング」が描写されていることで、男女の肉体関係が珍しいものではなかったこと。

数週間から数ヶ月程度しか持続しない不安定な関係が存在しえたこと。また、世間知らずな若い娘たちをターゲットに弄ぼうとする危険な男たち（カトリン）に気をつけるべきであったこと。また、マチスモ社会においても、伝統的な女性はそれほど従順ではなかったことや新世代の女性はさらにそうではなかったこと、などだ。

参考文献

Anón., “Amorosa súplica que dirigen los solteros a Santa Rita de Casia, abogada de imposibles, pues le piden a mi ver, que les conceda mujer”, in Campos, Rubén, M., *El folklore literario en México: Investigación Literaria Popular (1525-1925)*, Talleres Gráficos de la Nación, México, 1929, pp. 404-407.

Anón., “Oración de un yerno a San Sebastián”, in Campos, Rubén, M., *El folklore literario en México: Investigación Literaria Popular (1525-1925)*, Talleres Gráficos de la Nación, México, 1929, pp. 407-410.

Arellano, Jorge Eduardo, “El órgano femenino en el habla popular de Hispanoamérica”, *El Nuevo Diario* <https://www.lenguayprensa.uma.es/archivo/?p=142> ［最終閲覧 Nov 18, 2022］

Gaona, Pável, “Formas nacas de decir hoy toca echar pasión”, *Chilango*, May 2014. <https://www.chilango.com/general/formas-nacas-de-decir-que-hoy-toca-echar-pasion/> ［最終閲覧 Nov 18, 2022］

González Gómez, José Antonio, “Materiales para la historia de un barrio: San Francisco Tepito D.F.” <https://www.academia.edu/7973957/Historia_de_Tepito_M%C3%A9xico_DF> ［最終閲覧 Nov

18, 2022〕
長谷川ニナ「メキシコの先住民の笑いについての一考察」『笑いと創造（第2集）』勉誠出版（ハワード・ヒベット／日本文学と笑い研究会編）（東京）二〇〇〇年、19－42頁。
Vanegas Arroyo, Imprenta de A., “Tiernas súplicas con que invocan las jóvenes de 40 años al milagroso San Antonio de Padua pidiéndole su consuelo”, 2da. de Santa Teresa 43, México, 1911.
Vanegas Arroyo, Imprenta de A., “Pleito de casados que siempre están enojados”, México, 1907.
Vanegas Arroyo, Imprenta de A., “Para conocer el mundo y a los hombres fementidos tuve que llegar a ser mujer de cien maridos”, Santa Teresa 1, México, n.d.
Vanegas Arroyo, Imprenta de A., “La mujer de cien maridos como alfileres prendidos”, 2da. de Santa Teresa 43, México, 1911.
Vanegas Arroyo, Imprenta de A., “Para que no halla camorra ahí les mando esta cotorra”, Encarnación 9 y 10, México.
Vanegas Arroyo, Testamentaría de A., “En la cocina (C.S. Suárez)”, México.
Vanegas Arroyo, Testamentaría de A., “La casa de vecindad”, México.
Vanegas Arroyo, Imprenta de A., “Canción de los fantasmas de Loreto”, Santa Teresa 1, México.
Vanegas Arroyo, Imprenta de A., “Repelito de catrines que les gusta enamorar”, Santa Teresa 1, México.
Vanegas Arroyo, Testamentaría de A., “Los gendarmes”, 2da. Sta. Teresa 40, México.
Vanegas Arroyo, Testamentaría de A., “Calaveras de coyotes y meseras”, Santa Teresa 40, México,

1919.
Vanegas Arroyo, Imprenta de A., "La calavera del Tenorio de la Colonia de la Bolsa", 2da. de Santa Teresa 43, México, 1913.

【注】

1 Campos, pp. 404-407; pp. 407-410を参照。

2 中世ヨーロッパに起源を持つ *abbaaccddc* の形式で、文末で韻を踏む詩形。ヨーロッパでは現在はほとんど廃れているが、中南米各地では現在でも民謡などで用いられる。

3 小夜曲。この場合は音楽のジャンルではなく、メキシコの中上流階級の風習として、恋人のために窓下などで演奏される楽曲、あるいはそのような情景のことを指す。

4 Arellano を参照。

5 Gaona を参照。

6 González を参照。

第6章 バネガス＝アロヨ社の風刺劇と検閲

ここまでは、当時のメキシコの庶民生活を描いた、一枚刷りのオハについて語ってきた。いずれも、ささやかで脳天気な暮らしを生きている庶民が、貧しさを嘆きながらも、生き生きと描かれていることに気づかれるだろう。

しかし、その背景の時代についても、ここで言及しておかなければならない。

ここで、少し時代を遡って、一八七一年以後のメキシコ国家全体の政治的状況についておさらいしてみることにしよう。

この一八七一年とは、ベニート・ファアレスが再選され、ポサダが風刺画を描き始める年である。国内の政治的背景の中でのポサダの位置づけのために、ラファエル・バラハス著『風刺画で見る、ある国の歴史――政治闘争の風刺画　一八二九－一八七二（*La historia de un país en* caricatura: la caricatura de combate 1829-1872)』と、ファウスタ・ガントゥス著『風刺画と政治権力――メキシコ市における批判、検閲、弾圧　一八七六－一八八八（Caricatura y poder político: crítica, censura y represión en la Ciudad de México, 1876-1888)』の二冊の書物を参照する。

この一八七一年一月、ポサダがいまだ自分の将来が風刺画家になることを知らない段階で、メキシコでは、何が起こっていたか。

すでに述べたように一八七一年は大統領選の年であったが、通常と違い、一八五七年憲法の下で大統領再選が禁じられていたにもかかわらず、大統領の座を現大統領のファアレス、レルド、ディアスの三人が争っていた。

このような状況下で、別の疑問が生じる。再選禁止規定にもかかわらず、ファアレスが再立候補することは、何を意味したかということだ。それは実は後に大きな問題を引き起こすことになる。過去のサンタ・アナの独裁のような事態を防止するために規定された一八五七年憲法の大統領再選禁止規定を反故にすることは、結果的に後のディアスの大統領連続再選による長期独裁の道を開いてしまったからである。

ファアレスがあえてこの挙に及んだのは、彼が一八六七年のフランス侵略から共和国を救った英雄であったということだった。しかし、たとえその再選を人々が強く支持していたとしても、現実的に、それは大きな問題だった。バラハスが言及していることだが、ファアレスはメキシコ史上初めての先住民出身の大統領であったにもかかわらず、農民層（その大多数は先住民であった）の利益の代表者ではなく、近代的な農園経営者の利益の代表者だった。つまり、アシエンダ（荘園）を「封建的な奴隷制度から、農産品輸出のための資本主義的農園経営へ転換させようとしていた」立場であり、それは、植民地時代の名残であるペオン（小作農）を事実上の無償労働者として利用するものであったからだ。

「ベニート・ファレスは、一八四七年にオアハカ州の知事であった頃から、荘園経営者の相談に乗っていた」[1]と、バラハスは指摘する。

すなわち、ファレスの国家計画の中では、社会経済的正義というものはメキシコ農民のためのものではなく、あくまで農園経営者側の人々のためのものであり、小作や先住民はそれ以前と同様、奴隷状態に置かれるということが、実は最初から明らかだったということになる。

そのような国家計画に反対して、多くの自由主義者が抵抗した。そのため当時のリベラル派の新聞には、反ファレスの政治風刺画が多く見られると、バラハスは述べている。

つまり、一言で「自由主義者」と言っても、近代的農園主の利益代表者もいれば、人道的な意味で社会全般をとらえる人々もいたのである。この後者の人々は（まったく逆の理由ではあったが）、保守主義者と同様、ファレスを批判したのであった。

バラハスは著作の中で、一八六一年五月八日の『ラ・オルケスタ』誌に掲載された風刺画を紹介している。この絵では、ファレスとその側近が先住民を先祖伝来の共有地から引き剥がそうとしている姿が、厳しく批判されている。ここでは、ファレスは「教会から毛の一本も残さず剃り落としておきながら、成果はなし」（教会財産を国有化しておきながら、依然として、財政再建ができない）、そして次には、「貧しい庶民の髪まで切ろうとしている」（先住民の共有地まで国有化しようとしていることに対する比喩）と描かれる（図1）。

El Supremo Gobierno, despues de rapar á la Iglesia hasta las pestañas, sin fruto alguno, pasa á ejercitarse con la pobre cabellera del pueblo.

図1　Constantino Escalante「貧しい庶民の髪まで切ろうとしている」

第1章で述べたように、ポサダはアグアスカリエンテスの旧先住民地区で生まれ育っている。しかし、この「旧先住民地区」こそ、まさにファレスが収奪しようとした土地なのであった。

「スペイン人たちがメキシコを放棄した時点で、二つの大きなグループがメキシコの巨大な大土地所有者として君臨し、荘園の拡大の制限となっていた。それが教会と先住民共同体だった」と、バラハスは説明する。だからこそ荘園主たちは、自らの利権のために、ファアレスの近代化政策に賛同したのである。

そこで一八七一年の選挙に話を戻すと、先住民共同体を犠牲にした荘園主たちへの利益誘導に反対する自由主義者たちのグループは、風刺画を通じてファアレスの再選に反対し、一八五七年護憲派を応援した。つまり、それがこの時点でのポルフィリオ・ディアスであり、彼もまた、フランス人との戦いで身を危険に晒した軍人でもあった。言うまでもなく、この時点では、彼が後に恐るべき独裁者になろうとは誰ひとり想像していなかったのである。

むしろ、当時、先進的な自由主義者の間では、ファアレスの方が独裁者になろうとしているのではないかという懸念があった。一八六九年当時の風刺画で、すでにファアレスが検閲をしようとしていることや、票を買おうとしていることが描かれている（第1章で参照した『エル・ヒコーテ』誌の風刺画3で、ポサダはこのことを示唆している）。

しかしその一方、民衆にとっては、ファアレスは依然としてフランス侵略軍を撃退した英雄であり、彼を批判することはタブーだった。そのため多くの風刺画家はファアレスを直接攻撃するのではなく、その側近のレルドに矛先を向けたのである。

一八七一年の大統領選挙は、したがってデリケートなものだった。というのも、この選挙では、それまでフアレス側近であったレルドがフアレスの対立候補となったからである。選挙はフアレスの勝利となったが、バラハスは『ラ・オルケスタ』誌で、フアレスとレルドが選挙の後、（恋人同士のように）口づけて、和解している様を描いている作品（図2）を紹介している。明らかにこの画の意図は、この二人の政治家を嘲《あざけ》るものであり、二人が野心だけで結ばれていることを示している。

図2　Santiago Hernández「ある和解」

一方、次点で選挙に敗れたディアスは武装反乱を起こすが、失敗して地方に隠遁する。しかし、憲法を踏みにじってまで大統領戦に勝利したフアレスは、その翌年の一八七二年七月十八日にあっけなく不慮の死を遂げる。そして、その後継として、なんとレルドが四年にわたって大統領の地位に就いた。

レルドの治世は産業振興が図られたものの反対派への弾圧も激しく、この四年間の後、レルドも大統領再選を狙って法改正を行うが、これに対して、ふたたびディアスが武装蜂起し、今度は首都メキシコシティの攻略に成功し、レルドは国外に逃亡する。

こうして、ポルフィリオ・ディアスが、その軍事力を背景に大統領に就任し、彼の統治が始まるのである。状況が状況だけに、この一八七六年時点では、ディアスを信頼できる人物のように描く風刺画もあれば、その逆にまったく信頼できない人物として描いているものもある。


歴史が証明したのは、ディアスが信頼できない人物であるということだった。

ディアスは権力を握ったその瞬間から、一八五七年憲法を着々と骨抜きにし始めたのである。そのため、ポサダがメキシコシティに上京した一八八八年には、表現の自由はほぼ失われてしまっていた。ディアス政権下の十二年間、ディアスの政策を少しでも批判した記者は厳しく迫害されたのである。

ディアスが政権に就いてわずか一年後の一八七七年の風刺画で、すでに彼が怪物のように描かれていることを、十九世紀政治風刺画の研究者ファウスタ・ガントゥスは示している。すなわち「背後で起こっている先住民や軍の反乱などに対して激しい弾圧を加えている一方で、自分はまるでそれらとは何の関係も責任もないかのように振る舞う、不気味なロボットのような姿」[2]である（図3）。

その三年後の一八八〇年八月二十八日、『エル・パドレ・コボス（*El Padre Cobos*）』誌は、選挙の年に国を漂っていた「政治に対する不信感」についての風刺画を掲載している。

この時期には、すでにディアスは完全にメキシコの支配者となっていて、もはや対抗勢力はなかった。当時の風刺画家たちは、「議会が権力におもねって重要性を失い、軽いものになってしまった様を率直に」描いている。

それでも、この一八八〇年には、一応、法に則り、ディアスは側近のマヌエル・ゴンサレスに大統領の座を譲った。むろん四年後の一八八四年に取り戻すことを前提にしてのことである。ディアスは一八七八年に大統領再選禁止法が改定されたので、何の心配もしていなかった。そのうえ、一八八二年には、ディアスへの忠誠心の証として、マヌエル・ゴンサレスによって「上院と下院が、憲法七条を改正し、これ以後、印刷に関連する犯罪が通常の法廷で裁かれることとなった」。

図3　Gaitán「国民よ、共和国は太平である」

これが有名な「口封じ法（Ley Mordaza）」で、これ以後、ディアスは、気に入らない記者をいつでも投獄できるようになったのである。

このような状態でも、一八八五年には、まだ一八五七年憲法の理念を護るために命がけで投獄の危険も顧みない記者たちは存在していた。抑圧の残忍さを描いた風刺画「遭難者」は、一八八五年八月二十三日、『エル・イホ・デル・アウィソテ（*El Hijo del Ahuizote*）』誌に掲載されている[3]（図4）。

しかし、その後の一八八六年には、政府はさらに、国家や要人に対しての名誉毀損を罪とする法律（人々の間では「強迫法（Psicología）と呼ばれた」）を施行した。これによって、いつでも判事が主観的な解釈だけで、記者に対する告発を裁くことができるようになったのである。

これに対して、すべての風刺

図4　Fígaro「遭難者」

画家たちは団結して、誰か記者が投獄されるたびに、この検閲の問題を取り上げるのであった。つまり「強迫法」を恐ろしく醜い老婆や、荒々しい牛などに例えたのである。

これらの印刷物や表現の自由への弾圧は、一八八七年四月二十一日の、大統領職の連続再選を可能にする憲法七十八条の改定を行うために必要だった。一八八八年は、ガントゥスによると反対派の出版社の大半が弾圧や圧力を受けるという、もっとも緊迫した時期だった。『エル・イホ・デル・アウィソテ』発行者のダニエル・カブレラや、『エル・コルミジョ・プブリコ（*El Colmillo Público*）』発行者のヘスス・マルティネス＝カリオンのような真に反体制的な人々は、尾行を受けたり投獄され、たとえば、「独立系の四大日刊紙の一つが国家の状況の重大な問題についてのニュースを載せたとしても、売り子はその見出しすら声に出せず、小声ですら話題にできない」[4]ような有様だったという。

そして、このような状況下、「一九〇五年の終わりには、リベラルで、政党派色があり、風刺の強い反ディアス政権的な雑誌はすべて潰された」[5]。すなわち、ディアス政権は、「一八七七年から一八八〇年の間とそれ以後で変質している」[6]と、バラハスは記述する。

それが、まさに一八八八年の、ポサダがメキシコシティに着いた頃の状況だった。そのため、一八八九年から一九一〇年十一月二十日の失脚まで、独裁者ディアスはこういった弾圧によって、彼こそが「国家のために必要である」人物として、すべての選挙で必ず「勝って」いたのである。

この時期、バネガス＝アロヨ工房では、オハではない冊子型の戯曲や子供向けの童話も出版している。

これらの、ポルフィリオ・ディアス時代に、バネガス＝アロヨが出版した四十二作以上の演劇作品は、三つのグループに大別することができる。メキシコ大衆文化の味わいが強いもの、スペイン発祥で十九世紀のスペイン語文化圏において非常に流行していた音楽演劇であるサルスエラに着想を得たもの、そして最後に数は少ないが、支配階層の検閲や腐敗について明示的に批判したものである。

ここでは、そのうちの第三グループに分類される三作品に絞って焦点を当てる。

今までに述べてきたように、ポルフィリオ・ディアス時代の苛烈な言論弾圧のもと、バネガス＝アロヨ工房は、庶民向けのオハで、風刺精神を持ちつつも、権威への直接的な批判は巧妙に避けることで、その業績を伸ばしてきた。だからこそ、このような戯曲が存在していることは、特筆に値することなのである。

これら第三グループの三作のうち二作は支配階層の腐敗を扱ったもので、三作目は検閲を扱ったものだが、前二作は、その内容や文体が酷似していることから、同一の作者であることが明白に窺える。バネガス＝アロヨ印刷工房から出版された他の劇作の大半が無記名ではあるものの、多数の作家の手で書かれたことが明らかである中、この二作品が同一の作者によるものであることが強く推認できることは興味深い。

この印刷工房に、最終的にどれだけの作家が関わっていたかを知るためには、それぞれの作品の特徴を分析し、特定していくことが重要である。ここでは、それを試みるとともに、苛烈な弾圧下で大衆演劇の場での庶民の体制批判がどのように表現されたかをも見ていこう。

演劇「診察室（El consultorio médico）」の表紙絵で、ポサダは、レボッソをまとっていることで庶民であることが窺われる母子が、立派そうな医師のもとを訪れている姿を描いている（図5）。子供向けの童話冊子にはオハ同様、数多くの挿絵が添えられているが、戯曲の冊子には挿絵はなく、扉絵だけが付けられている。

しかし、実際には、この作品は、医師が「自分は薬で素晴らしいビジネスをしている」と満足げに独白するモノローグで始まるのである。

そのビジネスのトリックは、無料で患者を診察してやり、その上で砂糖玉を黄金並みの値段で売ることだ。彼は「治療薬を売る、これが最強のビジネスをする秘訣だ」と告白する。彼によると、たいてい病人は彼の罠にあっさりはまってしまうが、法外な値段に腹を立てる者も少なくない。「五レアルだなんて！」騙されたことに気づいた病人が愚痴をこぼす。「うちのおばあちゃんでさえ、そんな大金は持ったことないよ」。

しかし、そんなことで彼は動じないし、病人は次から次に寄って来る。中には「自分には非常に素晴らしい才能があるが、額が狭い」ので、「ホメオパシーで額を三インチ広げて奇跡を起こしてほしい」と、「科学の手に委ねたがる」者もいる。つまり、騙されたことに気づいて支払いを拒否する患者がいる反面、夢を見て、喜んでカモとなり、何でも支払う者もいるのだ。たとえば、前述の額が狭い男は、金一オンスという大金を自ら望んで支払う。

劇中では、彼の同僚が、別のお仲間（つまり別のヤブ医者）を援護する

図5　Posada「診察室」

ために、何人かの医師で開催する会議に出席してほしいと頼みに来るところで終わる。

この問題の医師は、「両肺ともに肺炎」を患っている患者の片方だけを治すふりをしている。もう片方の治療でさらに金を取るためだ。同僚の医師の説明によれば、この会議とは、他の医師たちが会議室に「もっともらしく閉じこもり」、「彼の治療を承認する」という茶番劇なのだ。

そして彼は、知人のヤブ医者を「偉大な名医」と持ち上げ、治療を「このまま変更なしに続けなければならない」と言えばよいだけだと持ちかける。そうすれば、患者からさらに金が支払われ、その金で物見遊山の旅行に出かけられるというのだ。

まったくあきれた詐欺まがいの所業だが、劇のトーンはこの医師たちの良心のように軽い。だからシリアスなテーマを扱いながらも、この劇では、最初から最後まで、観客は大笑いできる。

現代でも詐欺的な医療行為は存在するが、この著者は「立派なエリート」が地位を悪用してしばしば行うこの種の茶番を、内部から知っている人物のように思われる。そしてまた、反政府的傾向を持つプロの作家でありながら、労働者階級に近い存在なのではないかと推測することができる。

お笑いのように見せかけながら、実は、政治的なテーマを扱っているので、もしかしたら、後に挙げる「まっすぐな男ペリーコ（Perico el Incorregible）」という作品を書いた作家と同一かもしれない。

■作者は誰か？

もう一つの戯曲「軽裁判所（El juzgado de paz）」（図6）は、先の作品とほぼ同じ筋書きで、この作品の扉絵は、ポサダではなく、マニージャによるギリシア・ローマ風の定型のものとなっているが、出版時期から察するに、本来はポサダの扉絵が付けられていたものが、再版時に失われてしまった可能性が高い。

ここに登場する判事は、「診察室」の医師と同様、依頼人を犠牲にして自分の金儲けをする。劇中では、判事が書記官に皮肉っぽく語るところから始まる。

EL
Juzgado de Paz
COLECCION DE COMEDIAS
—PARA—
NIÑOS O TITERES
EDITOR
Antonio
Vanegas

図6　Manilla「軽裁判所」

「判事の職には利得が多い」のは間違いないさ。

そして、以下のように説明する。

太った鶏なり、子羊なり
訴訟当事者が贈ってくれる
野菜でも果物でも種子でも
顧客どもが切れ目なく送ってくる

そして、自分の得になるように巧妙に物事を解決していく姿が描かれる。目の前の被疑者が二頭の牝馬を盗んだことを知っていながら、わざと引っかけて「二頭の山羊」を盗んだと告発する。それに驚いて、被疑者は「なんてこったい、牝馬です」つい自分の盗みを告白してしまう。そうして判事は難なく、被疑者が「自白したので有罪」と宣告する。次の幕で判事は、盗まれた二頭の牝馬を「所有者が現れるまでの間、自分の家で預かる」ことを宣言する。もちろん、誰も牝馬を探しになど来ないと思ってのことだ。

しかし、予想に反して弁護士が牝馬の飼い主を連れて彼のもとにやって来る。判事は不安げに弁護士の説明に耳を傾けながら、二頭のうち少なくとも一頭は残しておこうと頭の中で計画を練る。彼は、二頭の馬を預かっていた間、自腹を切って餌を与えていたので、その分を弁済してほしいと主張する。

被害者の弁護士が、依頼人が未亡人であり、支払うお金がないことを説明すると、判事は二頭の牝馬のうち一頭を残し、もう一頭だけを返すことを提案する。驚いたことに、これを聞いた未亡人の弁護士はそれに同意し、さらに自分への報酬として、もう一頭の牝馬を受け取ることにするのだ。

被害者の女性は、牝馬を二頭とも失うことを知ると驚いて、裁判に負けたのかと問う。それに対して弁護士は厚かましくも、敗訴ではなく「泥棒はすでに罰せられたのだから、牝馬を失っただけ！」と答える。この芝居の教訓は、弁護士や判事はけっして損をすることはなく、損をするのは常に正義を求める庶民だということだ。

すなわち、ここでも、弁護士や判事の問題の解決法とは、常に彼らの仲間内が有利になり、顧客が不利になるようにしているということだ。

このように、この「診察室」と「軽裁判所」の二作品の構造はほぼ同じなのだが、さらに、興味深い類似点も見受けられる。最初の作品では、病気の女性が登場し、医者の質問に答える代わりに、突然、脈絡のないことを話し始めるシーンがある。

患　者

それで先生
この娘は病気なのです
ほら、八日前に
教会を出た時から
私たちはとても信心深くて
心が清らかなのです
他の人たちとは違ってね
悪魔にしかめっ面をして
それで……

医　師

さて奥さん
そういうことに私は興味ないのです
私に興味があるのは病気だけ

「軽裁判所」でも同じように、判事の質問に答えずに脈絡のない話を始める被疑者が登場する。

被疑者
　本当言いますと、先日の午後に
　畑の中を歩いていると
　友人が来て
　ドン・ロサリオを覚えていますか？
　そこの角で干し肉を売ってる奴ですが
　それが牛の肉だと称してますが
　でもたぶん、猫の肉じゃないかと……

判　事
　それはどうでもいいことです

　バネガス＝アロヨ工房から出版された戯曲に作家の署名がないのは、非常に残念だ。しかし、この二つの作品が同じ語り口で、同じ特徴を持っていることから、同一人物の作品であることは容易に推測できる。それは、文法や叙述技法に非の打ちどころがない（著者が素人であるとは思えない）点、医師や裁判官の悪巧みを、きわめて具体的な例を挙げて説明している点、助けを求めて近づいてくる人々の弱みにつけこんで稼ぐプロたちの不道徳さを暴露している点、自分たちの悪事を認識しつつ、その犯罪行為を隠蔽するために裏で手を組むエリートたちの恥知らずな連携を批判している点である。

次に紹介する三つ目は、「検閲」というテーマにストレートに触れている。「まっすぐな男ペリーコ（Perico el Incorregible）」という題名の、とても興味を引く作品である（図7）。こちらの挿絵も、おそらくオリジナルではなく、マニージャの手による定型の使い回しとなっている。

ここでは、新聞売りと水売りが登場する。つまり、都会の職業ではあるが、もっとも貧しい人々だ。新聞売りとは、生計を立てるために街角で新聞を売らなければならない下層階級の子供や若者であり、水売りとは、同じく生きていくために数枚のコインと引き換えに、水源から家々まで重い水の容

図7　Manilla「まっすぐな男ペリーコ」

器を運ばなければならない大人たちだ。ここでのテーマは検閲だけではなく、抑圧に屈しない人々の反逆精神も含まれる。

劇は、政治的な内容の新聞を販売することが、いかにリスクが高いかが描かれる新聞売りのモノローグで始まる。

新聞売りのペリーコの口上はこのようなものだ。

　　高利貸しのお話や
　　拳銃と棍棒を持ったポリ公の所業だよ……

ここまで言ったところで、当の警官が現れ、静かに近づいてきて、彼の喉をつかんで、署に連行すると脅す。まさに弾圧そのものである。

身の危険を感じたペリーコは、「なんでもありません。ドン・キホーテの文章でして」「先様の悪口なんぞ申してはおりません」などと言って懸命にごまかし、なんとか署に連行されることを免れるが、その後、その警官が彼を解放する代わりにお金を要求してきたことがわかる。

この作品は、前の二作と共通する部分もあるものの、登場人物が実質的に常に首都のスラングで話しているところは大きく異なっている。ペリーコは事件の後、仲間の家を訪ねて行く。水を運ぶドン・アニセト（仲間内では「エル・トルトゥーガ（亀）」と呼ばれている）と、その妻クリスティナだ。彼らの親切な対応が、彼の味わった恐怖を少しでも和らげてくれることを願ってのことだ。そして、実際に彼は暖かく迎えられる。

アニセト　どうした？　なにかあったのか？
ペリーコ　ひでぇ目に遭ったよ。うざいポリ公が俺にかまってきやがって
アニセト　まじかよ、ミラモン
ペリーコ　まじっすよ、コンチャ

この謎々のような表現は、彼らの時代のいわば流行語だ。

ミラモンとは、メキシコの第二帝政時代、マクシミリアーノ皇帝の側近として、一八五九年から一八六〇年にかけてメキシコ暫定大統領を務め、後にベニート・ファレスによって皇帝と共に銃殺された保守派のミゲル・ミラモン元帥のことで、コンチャとは、その妻コンセプシオン・ロンバルドの愛称で、彼女は夫の処刑後、ヨーロッパに渡り、千ページに及ぶ長大な回想録を記した。

つまり、この台詞は、ドン・ミゲル（ミラモン）が妻のコンチャにいろいろと大きな約束をし、妻のコンチャがいつもそれをからかうように「ほんとなの？　ミラモン」と尋ねたという有名な逸話から来ている[7]。

この二人のキャラクターの口語表現は二人の間に、大きな信頼と友情があることを表現しており、堅苦しさのないものだ。他のすべてのバネガス＝アロヨのオハと同様、庶民の姿は、以下のように描かれる。

〈働き者であること〉

ペリーコ
　知ってるだろう、俺が毎日
　わずかな金を稼ぎに
　ロバみたいに働きに出ている
　新聞を売ろうと
　他の連中と同じように

〈慰め合うこと〉

水売り
　とりあえず、夕食に行こう
　ほんとにすごいんだぜ
　おまえもきっと文句なし
　王様だって望めない
　本当に旨い夕食だから

〈愛情深いこと〉

水売り
　まったくいったいどうしたんだ
　なんで今まで来なかったんだ

クリスティナ
　ペリーコ、これをお取りよ

このトリッパのタコスをね
頬肉のモレもあるよ
チリが入ってるからちょっと辛いけどね

〈酒好きであること〉

水売り
肝心要が欠けてるぜ
ちょっぴり泡の立ったやつ
もうちょっとしたら出てくるよ

〈酔っ払うと気が大きく、惚れっぽくなる〉

酔っ払ったら、俺は口が軽くなる
それから惚れっぽくなる
気に入った女の子に
粉をかけちまう

俺はペリーコ
変えようがないペリーコ
妥協しないペリーコ
鼻っ柱をぶん殴ってやれるさ
どんなやつが喧嘩を売ってきても

しかし、酒は最高の友情をも壊してしまうため、アニセトとペリーコは口論になり、殴り合う寸前のところに警官が現れて二人をなだめる。ここで、警官が酔っ払った新聞売りに「何か武器を持っているのか」と尋ねると、彼は「新聞」と答え、警官は「バカにされた」と考えて激怒する。とはいえ、このくだりには、新聞という言論が権力に対する一種の武器であるという裏の意味が隠されていることは明らかだ。

この、特に酔った新聞売りが権威に抵抗して発する言葉によって、「まっすぐな男ペリーコ」という作品は、民衆の勇敢さばんざいと言っているかのようだ。

棍棒を持った野郎に
俺を連れて行かせてたまるものか

たとえサポーテの実のように
顔が黒く腫れるほど殴られても

最後は、この二人の友人は、警官の手から逃れ、水運びの妻も、この二人の代わりに彼女を連行しようとした警官を追い出すことができて、物語はハッピーエンドとなる。

ここで見た作品は、いずれも非常にシンプルでコメディタッチのものだが、バネガス＝アロヨが制作・販売していたものが、どのような作品だったのかを知ることができる。また、彼の工房では、ポサダをはじめとする何人もの挿絵画家が働き、自分のペースで仕事をしていたこともわかっている。

同様に、どの作品が誰の執筆なのかを推測することは容易ではないとはいえ、バネガス＝アロヨが、作家の個性を常に尊重していたことも直観的に理解できる。彼が雇用していたプロの作家たちは、皆、自分の仕事を熟知し、言葉を自在にあやつり、効果をよく計算して、大衆の話し方を自在にものにしていたことは、すでにわかる通りだ。

最初の二作品の著者はスラングをほとんど使わないのに対し、三作目の著者はスラングを使っていることにも注目したい。しかし、だからといって第三の作品が、第一と第二の作品の著者のものではないということを意味するのであろうか？　どの作品も消費者である庶民を意識してシンプルなスタイルを採用する傾向があるので、作家を特定するには、文体よりも些細な傾向を見極めることの方が重要な場合がある。

明らかなのは、バネガス＝アロヨ自身は、とりたてて反ポルフィリオ・ディアス政権ではなかったようだが、だからといって政権批判的な作家を検閲することもしなかったということだ。つまり、お抱え作家が汚職や検閲について触れようとしても、それは十分に可能だったのだ。

これらの作品を楽しんだ大衆は、明らかに庶民層であったが、作家たちは必ずしもそうではなかった。

ファン・フェリペ・レアルの研究書『一九〇〇年――映画と演劇（*1900: El cine y los teatros*）』のデータによると、「一八九五年以後の数年間で、メキシコ共和国では、劇場が雨後の筍のように生まれてきた」[8]、一九〇〇年の首都には十の立派な劇場があっただけでなく、「街の様々な場所に多数の芝居小屋があり、非常に安い料金で公演が行われていた」[9]という。

弾圧の激しかったディアス政権下においても、作家たちは顧客の関心が高いと思われるテーマを扱っており、笑いのオブラートに包まれつつ、支配層の腐敗や検閲といったものを扱った作品は実際に存在していたのだ。

参考文献

Barajas, Rafael (El Fisgón), *La historia de un país en caricatura: la caricatura de combate 1829-1872*, Consejo Nacional para la Cultura y las Artes, México, 2000.

Camorra, Armando, “De política y cosas peores”, El Siglo de Torreón, Jul 8, 2004 <http://www.elsiglodetorreon.com.mx/noticia/97729.de-politica-y-cosas-peores.html> ［最終閲覧 May 20, 2023］

Gantús, Fausta, *Caricatura y poder político: Crítica, censura y represión en la Ciudad de México, 1876-1888*, El Colegio de México; Instituto Mora, México, 2009.

Hasegawa, Nina, “La corrupción de las élites y la censura en las obras de teatro del impresor popular Vanegas Arroyo”, *Bulletin of the Faculty of Foreign Studies, Sophia University*, No. 53, pp. 181-192.

Leal, Juan Felipe et al., “1900: El cine y los teatros”, *Anales del cine en México 1895-1911*, No. 6, Ediciones y Gráficos Eón & Voyeur, México, 2003.

Vanegas Arroyo, Testamentaría de A., “El consultorio médico”, Guatemala 40, México.

Vanegas Arroyo, Testamentaría de A., “El juzgado de paz”, México, 1918.

Vanegas Arroyo, Imprenta de A., “Perico el Incorregible”, Santa Teresa 1, México.

【注】

1 Barajas, p. 58.

2 Gantús, p. 323.

3 Gantús, p. 323.

4　一八八八年三月三日付『Diario del Hogar』についてGantús, 233頁を参照。
5　Barajas, pp. 220-221.
6　Barajas, p. 104.
7　Camorraを参照。
8　Leal, p. 87.
9　Leal, p. 119.

第7章　創業者アントニオ自身が作家だったのか？

本章では、工房創業者アントニオ・バネガス＝アロヨ自身が執筆したと思われる興味深い作品について見てみたい。

それが、児童向けの短編「にわか医者」である。

メキシコのポサダ研究者メルクリオ・ロペス＝カシージャスはその著作で、この短編は、スペインの出版者サトゥルニノ・カジェハ（一八五三－一九一五）の「高望みの医者（El médico ambicioso）」と関連があると述べている。

さっそく、興味を持って調べてみると、このカジェハの作品がスペイン国立図書館にあることを知り、デジタル化したものを入手することができた。ほぼ同時に、スタンフォード大学図書館特別コレクションから、バネガス＝アロヨ版「にわか医者（El doctor improvisado）」をダウンロード入手することもでき、グリム兄弟の「死神の名付け親（Godfather Death）」から着想を得たとみられる、この二編の短編を、実際に、自分の目で比較することができたのである。

そこで、グリム版を加えたこの三点を読み比べてみたところ、まさに、文化の違いが背景にあると思われる、いくつかの興味深い点に気づいた。

■「にわか医者」の作者は誰か？

まず、重要な問いに答えようと思う。誰がこの作品を執筆したのか？

すでにバネガス＝アロヨ工房のオハの執筆には多くの作家が関わっていることはわかっており、その大半に署名はない。むろん、その中にもアントニオ自身が執筆したものもあるかもしれないが、今となっては、それを知る方法はない。

その一方で、子供向けの読み物に関しては、興味深いエピソードがある。

筆者が一九八九年に、彼の孫にあたるアルサシオ・バネガス＝アロヨに初めて会い、二十編ほどの物語作品のコピーを贈られた際、彼の祖父自身も物語の執筆をしたと語ったことと、さらにその三年後の一九九二年に、国際電話で、これらの子供向けの読み物のコピーのうちの無署名の作品の筆者について彼に問い合わせたところ、明白に「署名がないものは祖父が執筆した」と返答してくれたことだ。

当初、筆者はこの回答に何の疑問も持たなかった。しかし、その後、同工房についての知識が増えるにつれ、無署名のすべての作品が同一人物の作だとは思えなくなってきた。もし彼の孫が若干正確さに欠ける回答をよこしたのだとすれば、一九九二年の電話での問い合わせの際、彼が私にコピーしてくれた作品の正確なリストが目の前にあったわけではなく、正確に記憶していたわけでもなかったのだろうとも思われた。それ以来、無署名の児童文学作品で、かつ、似た性質のあるものについてのみ、出版者本人の作であろうと考えるようにしている。その意味で、今から述べる作品「にわか医者」は、無署名で、アルサシオ経由ではなく、筆者が後に別経路で入手したものであるが、その条件にすべて該当するのである。

アントニオ・バネガス＝アロヨ執筆作品の特徴は、独特のユーモア感覚である。この作品は、明らかに元ネタであるグリム童話の内容をメキシコ化し、日常生活を描くところから着想を得て、独特の風味を醸し出している。また、庶民の知恵に光を当て、縮小辞を多用している。しかしながら、まず、それより先に、この物語のスペイン版、ドイツ版、メキシコ版の類似点と異なる点について指摘しておこう。

スペイン版を本家グリムの英訳版（筆者はドイツ語に疎いため）と比較すると、両者はほぼ同じ内容であることがわかる。

スペイン版「高望みの医者」はこう始まる。

十人の子持ちの貧しい男は、家族を養うために昼夜分かたず働く必要があった。そのような中、彼の妻が十一番目の男の子を産んだ。

「どうやって食わせていけばいいんだ」と男は嘆息し、考え込む。

散々思い悩んだあげく、彼にとんでもない思いつきが閃いた。

「もし、名付け親を見つけられたら、そいつに押しつけよう」

そして彼は街に出た。

疑いなく、このスペイン版は、グリム兄弟の「死神の名付け親」に着想を得ている。

十二人の子持ちの貧しい男は、子供らを養うため、昼夜を分かたず働いていたが、十三人目が産まれるにあたって、もうどうしてよいかわからなくなった。そこで大通りに出て、誰でもよいので、はじめに出会った者に名付け親になってもらおうとした。

その後、物語はスペイン版とグリム英語版で少し変化する。グリム英語版では、この哀れな父親の前に、最初に神が、続いて悪魔が、そして最後に死神が現れる。カジェハによるスペイン版では、最初に悪魔が現れ、そのあとに死神が登場する。言語文化の影響だろうが、グリム英訳版では死神は男性だが、スペイン語版では死神は女性である。スペイン語では、死（La Muerte）は女性名詞だからだ。一方、メキシコ版では、神も悪魔も登場せず、現れるのは、女性の死神だけだ。

そして、グリム版（独）とカジェハ版（西）の二つのバージョンでは、死神が産まれてきた赤子の洗礼に立ち会い、名付け親となる。その後、その名付け子が成長すると戻ってきて、生活の糧を得られるように彼を立派な医者とする。

死神のやり方は、以下のようなものだった。

① 患者に寿命が来ているかどうかを、名付け子だけに見える自分（死神）の位置で教える。
② まだ寿命が来ていない患者には、治療のための魔法の薬を与える。

名付け子は、患者のベッドの足下に名付け親の死神がいるかどうかを見るだけで、この患者を助けられるかどうかがわかるというわけだ。その場合は、「どんな薬も無駄ですし、治せる医者は世界のどこにもおりません」と答えることになる。

当然ながら、彼の見立ては確実である。患者の前で薬について知っているふりをし、苦もなく暮らしていけるわけだ。問題は、この若い医師が、患者によく思われたいがために、名付け親を裏切りかねないことだった。そこで、死神は強い言葉で警告する。もし、死ななければならない運命の患者を治療しようと魔法薬を使ったりしたら、けっして許さないと。

英語版では、こう書かれる。

「もしも私の意思に反して魔法薬を使ったら、おまえに災いがふりかかるだろう」

スペイン版ではこうだ。

「もし患者が死ぬ運命なら、この薬を与えてはならない。そんなことをしたらとんでもないことになるよ」

しかし、ついにある日、若い医師は、権力者である王と美しい王女を救おうとしてしまう。

その誘惑は強く、いずれのバージョンでも、名付け子は死神を裏切ってしまうのだ。
英語版ではこうなる。

「医師は、名付け親の警告を忘れたわけではなかった。しかし、王女のあまりの美しさに心を奪われ、彼女の夫になりたい一心で、我を忘れてしまった」

スペイン版はこうだ。

「医師が王の寝床に近づくと、その足下に名付け親がうずくまっているのがはっきりわかった。この状況に彼は困惑した。ライバルの医師たちが見放さざるをえなかった病んだ貴人を、この自分こそが救いたいという気持ちに駆られたのだ」

スペイン版では、「野心」という、英語版にはない要素が付け加えられている。そして王を救ったあと、さらに王女が病に伏せると、その時も彼は助けようとする。
スペイン版では、こう描写される。

「その誘惑はおそろしいほど強いものだった。王女と結婚することは、その頭に冠を戴くことであり、もう誰からも見下されることはなくなる」

このようにグリム版もカジェハ版も、医師の立ち位置は多少異なるとはいえ、おおよその筋は同じである。

しかし、カジェハ版で「ライバルの医師たちが見放さざるをえなかった病んだ貴人を、この自分こそが救いたいという気持ちに駆られたのだ」という一文で解説されている。この専門家同士の対立は、後述するアントニオ・バネガス＝アロヨの「にわか医者」では、ふたたび取り上げられるだけでなく、より一層強調されていくことになる。

■感謝する死神

アントニオ・バネガス＝アロヨの物語における死神は、グリムやカジェハの物語における死神とはかなり異なっている。最初の二つの物語では、死神は男女の差こそあれ、絶対的な強い力を持つだけでなく、脅威を与える存在でもある。その話し方は恐怖心を煽るものだ。死神は、最初から、自分を侮ってはならない存在であることを明快に示す。誰もその権威にあらがうことはできず、死神と人間との関係は非対称だ。名付け子であってもその例外ではない。

ところが、バネガス＝アロヨのメキシコ版では、そのあたりがきわめて曖昧に描かれる。

ある小さな村に、貧しく子沢山の仕立屋がいた。ある朝、子供たちが空腹で泣いているのを見て、彼は妻に「一財産作りに行き、お金がたくさんできるまで帰らない」と言った。

妻は笑い転げて言った。

「そんなたわごとを言うなら、これが最後ね」

さて、「貧しく子沢山」というところは、他の二バージョンと同じであるが、新たに子供が産まれたので家を出て名付け親を探しに行くわけではない。職業も仕立屋と明快である。

なお、このメキシコ版は、当初、マニージャの挿絵で出版されていることから、この物語がバネガス＝アロヨの最初の工房で制作されたごく初期の作品群に属することがわかる。その後、ポサダの扉絵でも出版されていることから、人気が出てよく売れたのであろう。初版のマ

図1　Manilla 表紙「にわか医者」

図2　Posada 表紙「にわか医者」

ニージャ挿絵版の扉絵はまさに、この仕立屋が妻子に送り出されて旅立つシーンである（図1）。

一方、死神は、急ぎで新しいマントを作ってくれる職人を必死で探しており、貧しい仕立屋を必要として近づくのは死神の方なのだ。後に出たポサダ作の扉絵はこちらをモチーフにしている（図2）。そして、それはまさに彼が「妻や子供を思って悲しんでいる」タイミングだった。

笑いを誘うのは、この死の女神が、自分が「肺炎」にかかることを恐れており、そのため、新しいマントを作りたがっていることだ。それは彼女自身が説明するように「いろいろな気候の中を走らなければ」ならず、「暖かい気候から寒い気候へ移る」ことで、ある日、突然、体調を崩す可能性があるからだ。ここでは、死神が人間と同じような悩みを抱えているかのように語られる。皮肉なことに、死神が病気になったり死ぬことを恐れているのだ。もちろん、仕立屋は彼女が持ってきた布でマントを作ることを承諾する。仕立屋は死神にとても礼儀正しく接し、優しく語りかけ、お世辞まで言う。

「お渡し頂いた布地で間に合うかどうかは微妙なところですが、こんなお美しい方のためなら、できる限りのことをいたしますとも」

小狡《ずる》いことに、仕立屋は布地が足りるどころか少しばかり余るだろうと考えている。しかし、彼は利口な職人なので、自分を高く売るコツも心得ているのだ。メキシコ文化のコンテクストでは、仕立屋であれ何であれ、職人が「難しいかもしれませんが、できる限りやってみます」と言って恩を着せるのはお約束だ。

スペインのカジェハ版の挿絵では、死神は感謝したりはすることはない。人間と絶対的な力を持つ死神との関係は、徹底して非対称なものであることが明確に描かれる。名付け子は大人になっても、ひざまずき、怯え、許しを請う存在なのだ。それに引き換え、メキシコ版のマニージャの挿絵（図3）では、新しいマントに大喜びの死神は、仕立屋に費用を尋ねる。仕立屋は代金は要らないと言うが彼女は納得しない。彼に金貨の詰まった袋を与えただけではなく、彼を医者にする。ここでも前の二つとの決定的な違いがある。死神の名付け子が医者になるのではなく、仕立屋自身が医者になるのだ。

図3　Manilla「にわか医者」

つまり、メキシコ版では、その少し前まで金に困っていた仕立屋の父親が、死神と出会ったおかげで、一夜にして奇跡のように金持ちになる。家族と共に大きな家に移り住み、職業まで変えるのだ。むろん、彼も、死神から他の話の医者と同じ警告を受けてはいるが、一つ違うのは、一度たりとも脅されてはいないことだ。だから、罰を恐れてもいないし、「やらなければならないこと」と「やりたいこと」のジレンマに陥ることもない。その後、死神は末っ子の名付け親になることも承諾するが、すでにこの時点で、物語の筋は別物と言ってよいほど激変しているのだ。

仕立屋は死神からもらった金と職業で完全に満足する。しかしながら、「妻が新たに子供を産む間際に」、死神に名付け親になってもらえばいいと思い立ち、生まれた子供の「洗礼に来てもらう」。

メキシコにおける実の親と名付け親の関係（コンパドラスゴ）についてはよく知られている。メキシコでの両者は、互いに愛情を持ち、尊重し合い、家族同様に想い合う関係だ。実際の血縁関係はなくても、洗礼の儀式を通じて、疑似家族となるのである。

この物語の面白いところは、話をメキシコ化したことで、死神と仕立屋の間に実の親と名付け親の仲間関係《コンパドラスゴ》が生まれ、それゆえ、両者の不均衡な関係までもが自動的に消滅してしまうところだ。つまり、ここで両者の力関係は完全に同等になる。

それは、洗礼の日に死神が受ける扱いでも、よくわかる。子供が生まれる日がついに来る。死神は約束を果たすためにやってきて、医者の子の代母となる。医者は華やかな宴会を催し、次から次に芳醇なワインや強い焼酎を気前よく、酔っ払うまで彼女に飲ませた。そして、もういいだろうという頃合いを見計らって、彼は死神にこう言う。

「愛する代母《マドリーナ》ちゃん、俺のこともきれいに忘れてくれるとありがたい」

「死神の名誉にかけて」と死神は繰り返す。「あなたを迎えに来る三日前にはお知らせすることにするわ。私の名付け子に乾杯。お別れして、私は仕事に戻ります」

ここでは、仕立屋の意図は二つある。一つは、「もっとも芳醇なワインともっとも強い焼酎を出す豪華な宴会」で代母の死神を喜ばせること、もう一つは、アルコールの力を借りて、彼女に彼への貸しを忘れてもらう、つまり、できるだけ長く生かせてもらえるように説得することだった。しかし、死神は酔っ払っても明晰さを失わず、「三日前に命の終わりの予告をする」と約束するにとどめた。ここで明らかなのは、アントニオ・バネガス＝アロヨは、グリムの「死神のおつかいたち」（ＫＨＭ177）という別の物語も知っていたことが明らかになる。そこでは、死神が恩義に報いるために、ある青年をあの世に永遠に連れ去る前に、知らせを送ることを約束するというものだ。

■ユーモアのセンス

スペインやドイツのバージョンには存在しないユーモアのセンスがメキシコのバージョンにはあふれている。この物語に登場する仕立屋は、他人の意思に左右されて生きる人間でも、運命に押し潰される人間でもない。彼は自分の仕事に精通し、その対価としてお金をとる。しかし、それだけではなく、生き抜いていくためには、勤勉で有能であること以上に必要なものがあることも知っているのだ。

冒頭から、アントニオ・バネガス＝アロヨは、彼を、生き抜くためにあらゆる才覚を働かせることのできる抜け目のない男として描いている。布地が十分にあることを知りながら、顧客に「足りるかどうかわかりませんが、急いでいらっしゃるようですので、できる限りのことをいたします」と述べるところで、我々には、彼が自分の仕事をうまく売り込んだことがすでにわかる。

しかも、死神に対してマントをただで仕立ててもよいとまで言う。

死神が仕立屋に「お仕立代はおいくらですか」と尋ねると、彼は「要りませんよ、マダム。私は尊敬している方からはお代は頂かないのです」と答える。

この会話は、一方では、死神を敵に回さないためなら無償で仕事をするつもりであることを意味しているが、同時に、最初から、余らせた布地が手元に残ることから、丸損にはならないことも計算しているのだ。商売上の機転とも言える。

本文にはこう描かれる。「仕立て屋はマント地を裁ったが、余り布は小さく、スーツ一着分ぐらいにしかならないことを彼は残念に思った」

仕立屋は依頼者から布を盗むわけではない。良い服地はだいたい余るものなので、それを自分用にうまく利用するというわけだ。

また、仕立屋は、デリケートな問題を扱うときはどうするべきかも心得ている。必要であれば、酒の力を借りることもためらわない。しかも、死神に、自分のことを忘れてずっと生かし続けてくれとストレートに頼むのではなく、酒が最大の効果を発揮しているのを確認したうえで良い頃合いだと思えるまで待ち、大した問題ではないかのようにさりげなく頼むのだ。読者は、貧しい生まれの仕立て屋がここでも抜け目のなさを発揮することに気づかされ、笑いを誘うのである。

すでに述べたように、物語の最後になって、死神が三日前に現れ、仕立屋を連れ去ることを警告する。その死神の口調もあくまで優しい。

ある日の朝早く、門番の邪魔をすることもなく玄関を通り抜け、死神は仕立屋の寝室の扉に向かい、そっとノックして彼に言った。

—代父《コンパドリート》、起きてる？
—俺を呼ぶのは誰だい？
—私よ。三日後にあなたを迎えに来ることを伝えに来たの。

死神とは言っても親戚同様の間柄だ。その証拠に、死神が三日後に仕立て屋の家を訪れると、仕立屋の妻は、彼女に愛情を持って親しく迎えるのである。

その訪問はこのようになる。

死神は仕立屋の妻に挨拶し、名付け子の様子を尋ね、そして仕立屋の居場所を尋ねた。

「主人は留守なんです。二日前に市外の病人を診てくれと訪ねてこられたので」と妻が答える。

それを聞いた死神は「では、また来るわ」と言って別れを告げ、妻は礼儀正しく、死神を廊下のドアまで送った。

とはいえ、さすがの仕立屋も、医師業も人生も順風満帆なだけに、死ぬことを考えると気が気でない。

そこで彼の妻は、彼を慰めようとこう提案した。

「これは（私たちの）代母《コマドレ》の冗談なのじゃないかしら」

その可能性はなきにしもあらずだった。メキシコ人は実に冗談が好きだからだ。しかし、それでも彼の心は安まらなかったので、妻は、変装すれば、死神に見つからないのではないかとアドバイスをする。そこで、仕立屋は、妻の忠告に従い、変装して家の庭師に成りすますことにした。

彼は粗綿のシャツとズボンを買い、床屋に行って、髪、顎ひげ、口ひげ、さらに眉毛まで剃り落とした。

そして、三日後にふたたび死神が仕立て屋の家に戻ってくる。死神は、前と同じように仕立屋の妻に挨拶し、夫が旅に出たという妻の話を聞いて、また来ることを約束して、また別れを告げる。

そこで、思いがけないことが起こる。そのままおとなしく手ぶらで帰るかのように見えた死神は、最後の最後に、「植木鉢にせっせと水をやっていた」庭師を連れて行くことにして、仕立て屋の妻に別れを告げるのだ。「ねえ、私の友がここに戻ってくるまでの間、このハゲ頭の男を連れていくと伝えておいてね」。そして、彼の首根っこをつかんで、一緒に消えてしまった（図4）。

図4　Manilla「にわか医者」

そして、この物語は、次のような詩による道徳訓で締めくくられる。

わかったつもりで
死神を甘く見てはいけないよ
思いもよらない時に
あなたを連れて行く

ここまでの分析で明らかなように、もし、アントニオ・バネガス＝アロヨ自身がこの物語の作者であるならば、彼のもっとも特徴的な語り部としての武器は、ユーモアとメキシコ化のセンスと言えるだろう。

■日常生活での責任ある父親の行動についての詳細な描写

さて、この物語で、死神から金貨の袋を受け取った仕立屋がすぐにどう反応したかを見てみよう。この部分はドイツ版にもスペイン版にもまったく見られないが、メキシコ版では、長々と細密かつ具体的に描写される。

彼は大喜びで家に帰った。そこでは、子供たちがかわいそうな母親にパンをねだっていた。彼が帰るのを見た子供たちは、母親から離れ、パンを持って帰ってくれていないかと彼のところに駆け寄った。ちびすけたち、落ち着け。今日は王子様のような食事をするよ。これからはもう二度と食べられないことはないんだ。妻は夫の口からこの言葉を聞き、夫から夕食の支度ができるほどのお金をもらっていなかったことから、ついに夫の気がふれたのかと思い、彼を抱きしめてこう言った。

「ああなんて不幸なの。子供たちにパンを食べさせることもできず、あなたまで正気を失ってしまうなんて」

「いや、妻よ、俺は正気を失ったんじゃないよ、この金貨の詰まった袋を見てごらん」

妻は夫にどうやってそれを手に入れたのか尋ねたが、夫は妻に、自分もお腹がすいて死にそうだから、子供たちを連れて良い食堂に晩ご飯を食べに行こうと言った。二人は最高のレストランに行き、最高の食事をしたが、酒をちびちび飲み続けているうちに、妻はどこでその金を手に入れたのかを訊くのを忘れ、夫の方も答えるのを忘れたのか、それとも答えたくなかったのか、うやむやになった。

そして、妻子を寝かせたまま、夫は不動産屋に出向き、その金貨で町の中心にある希望通りの家を買った。それから、彼自身と家族のための服を買い、家に戻ると、皆ぐっすり眠り込み、寝返りを打っていた。それは彼の望み通りだった。家族にうれしい驚きを与える時間があったからだ。

妻が目を覚ますと、ぼろ着の代わりに、麻の下着と、その上に着る見事な絹のドレスに気づいて驚いた。まだ夢を見ているのだと思い、確認しようと夫を呼ぶと、夫もしゃれた姿で現れた。

「早く起きて、子供たちに服を着せなさい、新しい家に向かう車を待たせているんだからね」

文章は続く。

妻は、大勢の子どもたちにすぐさま服を着せ、すし詰めになって、皆、にわか医者の車に乗りこんだ。新しく自分たちのものとなった家に到着すると、すぐに使いの者が医者を探しにやってきた。

この責任感と愛情にあふれた父親の描写は、称賛に値する。この場合、アントニオ・バネガス＝アロヨが、当時の下層階級の家庭生活がどのようなものであったかを、詳細に教えてくれるのだから。夕食時に男と女が「酒をちびちび飲む」こと、夫がその都度、現金を渡して妻が「夕食の支度」をすること、父親が外出を提案すると、妻が「大勢の子どもにすぐさま服を着せる」ことなどが、生き生きと描写されていて目に浮かぶようだ。

■尊大な医者が、貧困層の人々の敵であること

さて、家族のテーマを離れて、別のテーマを扱う。バネガス＝アロヨ版にも、当時の医学者と我らが仕立て屋が正面からぶつかり合うシーンがあり、これが興味深いのである。

さて、死神のマントを仕立て、喜び勇んで金貨の袋を受け取った仕立屋は、死神から「医者になれ」と言われると、さすがに怯んでしまう。彼は学校教育を受けていないからだ。

「でも、丸と零の区別もつかないのに、どうして（医者になんて）なれるんです」
「教えてください、死神様、ラテン語はおろか、字も読めないのにどうやって処方ができるっていうんです？」

これに対して、死神はあっさり断言する。

「びっくりしなくても、あんたと同じくらいの知識で、有名になっているお医者さんだっているのよ。家族で来たら、街の大きな家に住み、車を買うか借りて、家のドアに大きな文字で『医院：外科、産科、一般医学及びホメオパシー』と書いたプレートをつけなさい」

ホセ・グァダルーペ・ポサダが、再版時に、この看板のイラストを描いている（図5）。マニージャの手になるもともとの他の挿絵に、ポサダが新たに付け加えたものである。

つまり、メキシコ版では、立派な医者として通用するためには、知識より、見てくれや看板の方が重要だと、示唆しているのである。

ここで、仕立屋は、真に説得力のある医者になるには、単に患者を治療し、特効薬を出すだけでは十分ではないことも学ぶ。それに加えて「それらしい立ち居振る舞いもたくさん」しなければならないのだ。このような立ち居振る舞いがあるからこそ、人々は西洋医学の開業医を信用する。

図5　Posada「にわか医者」

彼らは常に上から目線で、ラテン語を使い、伝統医療者との違いを見せつける。とはいえ、その意味では、この仕立屋のにわか医者は（死神のすばらしい助力を得ているので）まっとうな医者というよりは呪術の医者に近い。

そして、ここでもメキシコ版は、スペイン版の物語とは違うニュアンスを醸し出す。スペイン版の医者は、競争相手の本物の医者たちの鼻を明かし、自分の地位向上のために、病人を救うことを考える。この医者の行動の動機はあくまで彼個人のエゴなのだ。ところで、アントニオ・バネガス＝アロヨは、第六章で取り上げた「診察室」と同じく、医者というものは、大した知識もないのに思い上がった傲慢な人間で、無力な庶民を欺す敵として描こうとする。そのため、このメキシコ版でのにわか医者と本物の医者たちとの対立は社会文化的な背景を感じさせるものとなっている。

ある日、仕立て屋のにわか医者は、「非常に裕福な紳士が未知の病気で死に瀕していた時」に呼ばれて、「街でもっとも高名な医者たち」と対面することになる。

気の毒な仕立屋（そう描写されている）が姿を現すと、その場にいた十人の本物の医者たちは嘲笑うような目で彼を見る。当然ながら、この本物の医者たちは、上流階級に属する白人であり、いくら立派な服を着ていても、仕立屋はそうではない。

にわか医者は、いったんは場の空気に威圧されるが、死神の姿を見て冷静さを取り戻し、病人を診察した後、他の医者たちの意見に反して、高らかに彼を救うと宣言するのである。それを聞いた本物の医者たちは爆笑する。原文では、十人の医者たちは笑い転げながら、この男は気違いか見栄っ張りだと断言して、帰っていくのだ。

そしてもちろん、病人は回復し、仕立屋の名声はさらに高まる。これは、メキシコ先住民文化の呪術の勝利の物語として描かれているのである。

■オトミ族の口承民話にこの「にわか医者」の物語の影響はあるか？

この点に関して、一九九五年にメキシコ大衆文化総局ＤＧＣＰ（Dirección General de Culturas Populares）が収集し、スペイン語に翻訳して出版したオトミ族の口承民話に、これと酷似した場面があることに言及しておくべきだろう。

オトミの物語は「ヒメコンドルと話した少年（El muchachito que hablaba con los zopilotes）」と題され、本文をざっと要約すると、次のようなものだ。①農民の少年は実の父親からひどく殴られた後、山の中に捨てられる。②牛飼いに助けられ、村に連れて行かれた少年は、動物の言葉がわかるという才能のおかげで、多少のお金を稼ぐことができるようになる。③この村で少年は死神と出会い、一緒に働かないかと誘われる。④少年はこれに同意し、これまでの話と同じように患者を診るようになる。⑤ある日、少年はバネガス＝アロヨ版の話のように、危篤状態にある富豪の家で、傲慢な医師たちと対決する。⑥少年は病人を救い、富豪の娘と結婚する。

■傲慢で無能な医師たち

オトミの物語では、死神は少年に次のように語りかける。

「そこ（問題の富豪の家）には、病人を治すために召集された医者が六人もいるけれど、手の施しようがないの。（中略）だから、おまえが思うままの金額を五、六千ペソぐらいでも請求してごらん。（中略）（おまえが塗ってやった液体で病人が快方に向かうのを見たら）、そこにいる医師どもを叱りとばすのが目に見えているはず。彼らは出て行かざるを得ないでしょう」[1]

本文はこう続く。

その場にいた医師たちは、少年がとても貧しく、ほとんど裸のようにさえ見えたので、その少年を嘲笑した[2]。

しかし、結果は予想通りとなる。

病人はたちどころに話ができるようになり、さらには起き上がってパンと水を求めるまでになった。家族はこれに大いに喜んだ。一方、呼ばれてその場にいた医師たちは、その状態に不快そうだった。

（中略）

富豪の一族は、病状が回復したのを見てたいへん喜んだが、その場にいた医師たちは、少年が自分たちを打ち負かしたのを見ると、別れも告げずに去っていった。彼らは少年を逆恨みし、出てきたところを襲おうとした。

結局、病人の富豪一族が「二十五人の兵士をつけて」守ってくれたので、襲うことはできなかった。

この民話は、バネガス＝アロヨ版の話とあまりにも似ているため、影響がなかったとは考えられない。いずれの物語でも、医者は驕り高ぶっていて、社会階層の頂点に安住し、貧しい人々を軽蔑しているように描かれる。

このオトミの民話は口承に属するものであり、しかも、オトミ語はスペイン語とはかけ離れた言語であるため、Lenguas de México コレクションで出版され、スペイン語に翻訳されていなければ、筆者はその存在を知るよしもなかった。そのため、メキシコ文化芸術国民会議（Consejo Nacional para la Cultura y las Artes）には、心からの感謝の念を表したい。しかし、この物語の成立年代や語り手のプロフィールなどの詳細が提供されていないのは残念である。

この民話が、当時の「にわか医者」に触発されたとすれば、百年近く前に成立した物語である可能性がある。医師たちの描写があまりにも似ているため、オトミの作者がバネガス＝アロヨの出版物を手にした可能性を否定できないからだ。おそらくディアス独裁の時代に、村の何者かが入手したのではないだろうか。

今日でも、バネガス＝アロヨの物語を遺品として、どこかの先住民の村で保存している人がいる可能性すらある。

なぜか？　なぜなら、あの当時、先住民の専業の語り部が、これらの物語を熱心に入手しようとしても不思議ではないからだ。たとえば、オトミの住むイダルゴ州では、先住民が祝祭日に必ず行くというエル・アレナルやサン・アグスティン・メスキティトラン・デ・ラ・シエラの祭り[3]で、この種の印刷物が売られたとしたらどうだろうか。ポサダが描いた「エル・アレナルの奇跡の主イエス・キリスト」「サン・アグスティン・メスキティトランの健康なる主イエス・キリスト」の絵はよく知られている。つまり、バネガス＝アロヨがこの地域となんらかの接点があったことは、確実なのだ。そして、この翻訳がスペイン語で出版された一九九五年頃には、バネガス＝アロヨの冊子はとうに絶版になっていたから、このオトミの物語は近年になって生まれたものとは思えない。

■余談——一八六八年から一九一二年にかけて日本で出版されたグリム童話

最後に余談となるが、明治期の一八六八年から一九一二年の時期にかけてのグリム童話の日本への紹介について言及したい。五冊組の『明治期グリム童話翻訳集成』によれば、最初の翻訳が行われたのは一八八七年と一八八八年、つまりアントニオ・バネガス＝アロヨがグリムからインスピレーションを受けた時期と重なる二年間であることが判明した。

バネガス＝アロヨは、メキシコでグリム童話が流布し始めた時期に、それを換骨奪胎して自分の物語を書いた最初の一人なのか、それとも、それ以前にもいたのか、そこは興味深いところである。

「忠臣ヨハネス（The Faithful John）」（KHM6）というグリムの物語も、一八八七年に初めて日本語に翻訳され、その同じ頃、バネガス＝アロヨが自分の物語に使ったことが判明している。ちなみに、好奇心から、『明治期グリム童話翻訳集成』に、「死神の名付け親」（KHM44）の物語を探したが、なんと見つからなかった。妖怪談などの伝統を持つ日本人にとって、興味がないわけがないと思ったのだが、明治期には紹介はされていなかったことになる。

■検閲——バネガス＝アロヨ vs. カジェハ

もう一点、数行でも触れておかなければならないのは、検閲の問題である。スペインのルイス・レシネスが「サトゥルニノ・カジェハの書籍の検閲について（La censura de los libros de Saturnino Calleja）」という論文で、一八九四年にマドリードの司教が組織した教区委員会が作成した法令全文を発表したおかげで、いくつかの重要なことがわかった。

第一に、サトゥルニノ・カジェハは、教会のガイドラインを非常に尊重し、その基準に積極的に従った編集者であったこと[4]。第二に、前述の委員会が、「野心的な医者（El médico ambicioso)」という物語を承認・推奨したこと（ただし、なんらかの訂正が提案されたかどうかは不明）。第三に、カジェハがメキシコシティに自分の出版社の支店を持っていたこと（ただし、日付は記されていない）[5]。第四にカジェハが一八七六年に出版社を設立したのは、読書の発展を通じて、社会、特に子供たちの文化的水準を高めようと考えたからであることだ[6]。

つまり、スペイン版のカジェハの童話は、カトリック教会の厳しい検閲を受けた上で出版されていたものだったということだ。

一方、メキシコ版の冊子やオハを読んできた我々からすると、これらの作品群が教会からの検閲を受けることなく出版できていたということはきわめて喜ばしい。ディアス時代の検閲は政治風刺に関するものであって、道徳性についてはチェックされることはなかったからだ。そうでなければ、世に出ない作品もあったに違いない。

要約すると、バネガス＝アロヨ工房の創業者アントニオは、並外れた人物であった。それは、彼が有能な印刷職人であり、巧みなビジネスマンであっただけでなく、繊細でユーモアのセンスにあふれたクリエイティブな人物であったということだ。そういった彼の性格は、当然、彼の製作したものにしかるべき影響を与えていただろう。

工房の作品には、多くの作家が寄稿していたが、いずれもクオリティが高く、全体に節度があり、上質で、礼儀正しい。教会の検閲がなかったにもかかわらず、ポルノグラフィーに類するものは一切なく、人種差別や弱者に対する侮蔑などのヘイト表現もない。

共通しているのは、過激や低俗に陥らない、端正で温かみのある表現、自由の尊重、庶民感覚への共感であり、正しいスペイン語の表現を重視し、先住民独特の言い回しやスラングの表現であっても、話者を揶揄するためのものではない。

要するに、言葉の表現において、あらゆる意味でプロの作家であることで、片手間や初心者の作家が働いていないことは、あらゆる証拠から明らかである。

これらすべてが一つの軸に収束し、十九世紀末のメキシコできわめて質の高い印刷物が生まれていたのである。

参考文献

Anón., "El muchachito que hablaba con los zopilotes", in *Relatos Otomíes. Serie: Lenguas de México*, No.15, Dirección General de Culturas Populares (DGCP), México, 1995, pp. 58-91.

Anón., "El médico ambicioso", Editorial Calleja, Madrid, n.d. Biblioteca Nacional de España, signatura 9/221263.

Galinier, Jacques, *La mitad del mundo: cuerpo y cosmos en los rituales otomíes*, Instituto de Investigaciones Antropológicas UNAM, México, 1990.

Grimm, Jacob and Wilhelm, “Godfather Death” in *Complete Fairy Tales* (Routledge Classics), Routledge, London & New York, 2002, pp. 177-180.

Grimm, Jacob and Wilhelm, “Death’s Messengers” in *Complete Fairy Tales* (Routledge Classics), Routledge, London & New York, 2002, pp. 635-636.

グリム兄弟「忠実なるジョン」『明治期グリム童話翻訳集成（第1巻）』（川戸道昭榊原貴教編）ナダ出版センター（東京）一九九九年、189－206頁。

López Casillas, Mercurio, “Desarrollo técnico estético de Posada” in *Posada: 100 años de calavera*, RM, 2013, pp. 91-400.

Resines, Luis, “La censura de los libros de Saturnino Calleja” en *Estudios Agustinianos*, 40, 2005, pp. 65-97.

Vanegas Arroyo, Imprenta de A. “El doctor improvisado”, Encarnación 9 y 10, México. <https://searchworks.stanford.edu/view/cp646pb7093>［最終閲覧日 May 16, 2023］

【注】

1 DGCP, p. 71.

2 DGCP, pp. 72-73.

3 Galinier, p. 272を参照。

4 Resines, pp. 67, 76.

5 Resines, p. 67.

6 Resines, p. 75.

第8章
児童文学から見える十九世紀の社会階級

さて、前章で、ドイツのグリム童話「死神の名付け親」と、その翻訳と言えるスペイン版「高望みの医者」、さらに、これを換骨奪胎し、マニージャやポサダの挿絵を加えたアントニオ・バネガス＝アロヨのメキシコ版「にわか医者」を対比させた。

そこで、本章では、少し角度を変えて、同じ時代のメキシコで、児童文学を手がけたアントニオ・バネガス＝アロヨ、ホセ・マルティ、ミゲル・ケサダという三人のラテンアメリカ作家の作品を比較してみることにしよう。

この三人のうちのホセ・マルティ（一八五三－九五）は、言うまでもなく、思想家として、後のキューバ独立の立役者であるとともに、作家としても、その作品は詩・評論・戯曲などきわめて幅広く、ラテンアメリカ文学に広く大きな足跡を残した人物としてあまりにも有名な存在だ。しかし、彼は、多岐にわたる作品の中で、アメリカ大陸の子供たちのための作品も執筆したというだけでなく、子供向け雑誌『黄金時代（*La Edad de Oro*）』まで発刊するほど、実は、児童文学にも力を入れていたことはあまり知られていない。

ミゲル・ケサダも、メキシコで、週刊雑誌『児童郵便（*El Correo de los niños*）』を発行していた人物である。

この三名は、いわゆる児童文学者ではないため、フランスにおけるラ・フォンテーヌやペローのような形で児童文学史の中で取り上げられることはない。しかし、まさに、彼らは、同じ時代に、メキシコの児童文学分野で、三者三様の立ち位置と目線で児童向けの読み物を作っていたのである。

■ミゲル・ケサダとバネガス＝アロヨ

まず、バネガス＝アロヨと、ミゲル・ケサダについて少し比較してみよう。

すでに見てきたように、バネガス＝アロヨは、庶民向けの安価な印刷物を不定期かつ大量に発行してきたが、その一方で、ミゲル・ケサダは『児童郵便』という雑誌を、一八七二年から一八七九年までの七年間、週刊で定期的に出版していた。

このミゲル・ケサダの立ち位置は、社会のエリートに近いところと言ってよいだろう。彼はメキシコの教育の基礎を作るという崇高な目的意識を持って仕事をしたのである。

彼は、メキシコで最初の印刷工房が誕生した一八三〇年以後、加速度的に進んだメキシコの科学教育、つまり近代化を推進した知識人の一人であった[1]。時代背景は、まさに第一章で述べた、フアレスの治世に続くレルドの時代で、カトリック教会の特権が剥奪され、教会の力が弱まっていた頃だが、彼の雑誌『児童郵便』では、教育は男女ともに基本的に必要なものであるという方針と、キリスト教的価値観への信仰が、衝突することなく、ごく自然に共存している。

このミゲル・ケサダの『児童郵便』は、毎号が十ページ程度の小冊子ではあるが、その内容はかなり濃密なもので、ケサダ自身がほぼ独力で、この執筆のすべてと編集を担当していたことを考えると、その志の高さと尽力は驚くべきものと言ってよい。彼は一八七三年五月十一日付の同誌に次のように書いている。

「『児童郵便』に保護を与えることで、評価をしてくださったメキシコの学校の責任者たちに心より感謝しています。そのおかげで、今日まで本誌を続けることができました。苦しい時には彼らを頼ってきましたが、常に耳を傾けていただきました。彼らの生徒に『児童郵便』を購読させたり、自腹を切って雑誌を買い上げ、賞品として配布するなど、いろいろな方法で物心両面の支援をしていただきました。」

経済的な理由で出版物の挿絵にまで手が届かなかったとはいえ、質素に暮らし、多大の努力の末、限定的とはいえ、子供たちに彼の出版物を販売し、風俗写生文学に触発された独自の様式を創造した。

一方、アントニオ・バネガス＝アロヨは、お世辞にも高級とは言えない庶民向けの印刷業者であったが、質の高いスタッフを集め、編集者としての視点を持つことで、伝統的な大衆印刷物であるオハに、新しい息吹を注入することを可能にした。

はるか後になってメキシコ近代絵画の父として高い評価を受け、広く知られるようになる版画家ポサダは、二十年間（一八九〇－一九一三年）にわたって、よく知られた骸骨の版画だけではなく、童話を含む彼の出版物のほとんどすべてに挿絵をつけている。とはいえ、メキシコの人々のためにオリジナルの児童文学を作ることの重要性を考えついたのは、ポサダではなく、バネガス＝アロヨであったことには注目しておこう。その意味では、ポサダは、彼に依頼された物語のイラストを描いているだけである。

すでに述べたように、バネガス＝アロヨは一八八〇年から一九一七年に亡くなるまで、不定期に物語を出版し続けていた。最初の小冊子のイラストはマニージャが担当し、その後、ポサダが引き継いだ。ここでは、それぞれのイラストの詳細については触れないが、当時のメキシコが文盲率の高い国であったことを考えると、このような挿絵の美しい児童文学が非常に魅力的なものだったと言えば十分だろう。

彼の出版したものには、七十編のオリジナルの童話があり、これだけの作品数という点でも、メキシコでは画期的だ[2]。とはいえ、「バネガス＝アロヨの物語」とは、あくまでも、彼が出版社として発売した物語のことであり、そのすべてが彼の執筆というわけではない[3]。

これらの作品の内容には、前章で比較したように、ヨーロッパの伝統的な童話の影響が見られるが、メキシコ古来の呪術的なものが登場するものもある[4]。

一方で、独立戦争の戦いを物語る愛国的なものや、学校生活に焦点を当てた物語の存在も確認できる。

物語が非常に長いか短いかによってレタリングの大きさは異なるが、大多数の物語は八ページまたは十ページの長さで、大半の物語の筆者は無記名だが、記載されているものとしては、C・S・スアレスの筆名が多い。

イラストの大半は、すでに述べた通り、ポサダかマニージャのものである。

ただし、マニージャが独占的に挿絵を描いた物語があることから、ポサダが一八九〇年にバネガス＝アロヨ工房と仕事の契約を始める以前から、工房ではすでに童話の制作を始めていたことがわかる。

特筆すべきは、ポサダの挿絵だけが署名入りで、その署名はタイトルページにのみ入れられているが、これらの版画には日付が記載されていないので、出版日を推測することが困難になっている。

バネガス＝アロヨ印刷工房は、一八八〇年頃からアントニオの亡くなる一九一七年までの間に、児童向けの童話集シリーズを出版し続けたが、アントニオの死後も、細々とその再版をおこなった。これは同社の童話シリーズが読者層に飽きられておらず、わずかながらでも需要が続いたということだ。

これらすべての物語はオリジナルであるうえ、内容もイラストも、上質劣悪、丁寧・いい加減といった質の差はほとんどない。庶民層に手頃な価格で販売するものであるにもかかわらず、いずれも、よく考えて作られたと言ってよく、そこには、間違いなく、アントニオ・バネガス＝アロヨの起業家としての明確なビジョンがあることを物語っている。

■ホセ・マルティによる児童文学

バネガス＝アロヨとミゲル・ケサダの子供向けの作品数に比べ、ホセ・マルティの発表した児童文学作品は多いとは言えない。それは彼の優先順位が祖国キューバの独立を達成することであり、児童文学はそこまでのものではなかったからだろう。

それでは、マルティはいつから童話を書き始めたのか？　何をしようとしていたのか？　マルティの試みはなぜ頓挫したのか？　マルティの童話とバネガス＝アロヨの童話との間には、どのような共通点や相違点があるだろうか？

マルティはニューヨークで亡命生活を送っていた一八八九年七月～十月に『黄金時代』を出版するが、この雑誌は四号のみ刊行されるにとどまった。その理由は、Editorial Porrúa版の前書きによると、この雑誌のスポンサーとなった人物が、この子供向け雑誌を、カトリックの布教を目的とする内容にしようとしたので、マルティ自身が発行中止を決断したという。それは彼の精神に反することで、良心の自由を尊重するために、子供たちにいかなる押しつけもしたくなかったのである[5]。

興味深いことに、バネガス＝アロヨは、より経済的に脆弱な社会階級に属しているにもかかわらず、マルティのようなジレンマに直面することはない。だからこそ、彼は、多くの物語を残してくれたとも言える。

当時のアメリカ大陸の最先端の文学・文化事業の一つであった『黄金時代』の導入部を読んで、バネガス＝アロヨの冊子の内容と比較してみよう。

マルティは前書きで「『黄金時代』を読む子供たちへ」という手紙を書いているが、それは次のように始まる。

この雑誌は子供たちのためのものです。子供たちというのは、もちろん、男の子だけでなく、女の子のことでもあります。（…）子供は働かなければなりません。歩んで行かなければなりません。勉強しなければなりません。強くなければなりません。美しくならねばなりません。（…）けれども、大人の男のような頑丈な手に女友達にあげる花を持ったとき、男の子は何よりも美しいのです。誰かにいじめられないようにと妹の腕を取って歩くとき、男の子は一番美しいのです。（…）男の子は紳士になるために生まれてきます。女の子は母親になるために生まれてきます。この雑誌は（…）女の子はお客さんが訪ねてきたときにそのお話をしてあげたり、（…）男の子たちには本物の男になるために「出版されたのです」。皆さんが知りたがっている事柄を（…）すべて教えよう。人びとがこれまでやってきたことを何もかもお話ししましょう[6]。

ここで注目すべきは、その出版物の中で、バネガス＝アロヨの童話では、マルティとは違って、男の子と女の子の性別的な役割分担を特に区別してはいないことだ。また、彼の童話には、西洋紳士的な礼儀作法も描かれない。マルティの童話に描かれる、少年が「大人の男のような頑丈な手に女友達にあげる花を持ったとき、男の子は何よりも美しい」とか、「女の子はお客さんが訪ねてきたときにそのお話をしてあげたり」という光景は、非常にブルジョア的であり、バネガス・アロヨの描く世界観には当てはまらないのだ。このような光景は、むしろ『児童郵便』の中に現れる。バネガス＝アロヨは、礼儀作法よりも「カロリーナは敬虔な女の子でした」というような道徳的価値について語る。むろん、マルティが礼儀作法についてのみ語っているというわけではない。しかし、とはいえ、このことで、マルティやケサダの読み物はインテリ層・ブルジョア階級を対象にしたものであり、バネガス＝アロヨの作品はそうではない階級に向けられたものであることが露わになっている。

マルティとバネガス＝アロヨのもう一つの違いは、マルティが「人びとがこれまでやってきたこと」を子供たちに理解してもらうために、「パリ万博」でフランス革命百周年記念に言及するというような文章を書いているのに対し、バネガス＝アロヨは、この手のテーマにはけっして取り組まないということだ。

同様に、マルティは前書きの中で、アメリカ大陸の子供たちに「蒸気機関やら吊り橋や電気がどのようにできているのか」を教えると付け加えているが、それは彼の考えでは、これらは「それこそ本物の魔法」で「お話の中の魔法よりも素敵」[7]だからだ。

一方で、バネガス＝アロヨが、子供向けの作品の中で新しい技術や世界史について語らないのは、彼自身にそういった知識がないため、それができないからだろうと言わざるを得ない。

マルティと違って彼が大切にしているのは、昔ながらのおとぎ話だ。彼の関心事は妖精や呪術の物語であり、そういう意味で、近代の童話作家としての評価が低くなってしまっていることは記憶にとどめておこう[8]。

とはいえ、比較を続けていこう。マルティは以下のように語る。

『黄金時代』に出ていないことで何か知りたいことのある人は、遠慮せずにどしどしお手紙下さい。答えてさしあげます[9]。

さらにこう言う。

綴りが間違っていても構いません。大切なのは何かを知りたいと思うことです[10]。

マルティは子供たちに作文を書いて送るように勧める。その説明は次のようなものだ。

そんなわけで、『黄金時代』は半年ごとにコンクールを開催します。一番良い作文を送ってくれた子には、（…）素晴らしい本の賞品とその作文の掲載された『黄金時代』十部を贈ります[11]。

『黄金時代』は、『児童郵便』と非常によく似た形式を持っていると言える。ミゲル・ケサダもマルティと同様、子供たちが編集者とコミュニケーションをとることを奨励し、その雑誌を賞品として提供したり、執筆コンテストを開催したり、子供たちの作品が良いものであれば出版したりしている[12]。しかし、バネガス＝アロヨにはこのような読者との交流はない。童話を作って印刷し売ったら、それで終わりだ。

マルティは、「女の子たちも、大きくなるにつれて男の子たちとお友達としてお話できるように男の子たちと同じことを知らなければなりません」[13]と言う。彼にとっては「家では女の人たちが娯楽とファッションの話しかしないので、男の人が話し相手を見つけるためには家を出て行かなければならない、などということになったら、残念なことですから」[14]だ。

一八七二年の『児童郵便』に、すでにこのような傾向が見られているとはいえ、マルティのこのような考え方は、一八八九年には斬新なものだった[15]。そんなことは、バネガス＝アロヨは言わないし、想像もしないだろう。バネガス＝アロヨは妻の助けなしには印刷工房を繁栄させることはできなかったし、大半の児童向け出版物において、女性を社会的に重要ではなく、男性より劣っているというようには描いていないのだが[16]、それでも、作品によっては、男性がアクティブでマッチョな存在であり、女性が受動的なものであるというようなメキシコ文化の古い伝統的な価値観に縛られている側面があることは確かだ。

マルティは以下のような文章で、前書きを締めくくる。

望んでいることは、子供たちが、（…）幸せであることです。（…）そしていつか［新大陸］アメリカの子供が世界のどこかで［私を］見かけたら、まるで古くからの友人に対するように力強く握手して、みんなに聞こえるように、こう言ってくれることです。「この『黄金時代』の人は僕の友達だったんだ」と[17]。

もちろん、バネガス＝アロヨもまた、子供たちの大親友であろうとしていた。彼がラテンアメリカ児童文学の先駆者のひとりであったことを考えると、マルティやケサダのように、作品に彼自身の署名や前書きを残さなかったことは残念だ。

■貧困や不平等への視点

次に、この三人の著者に共通する、貧困と社会的不平等というテーマについて見てみよう。マルティの「黒いお人形（La muñeca negra）」、ミゲル・ケサダの「子供たちのお喋り（La plática de niños）」、バネガス＝アロヨの「人形になりたくて（Por querer ser muñeco）」だ。三人とも、社会的な不平等に直面するキャラクターを生み出している。ピエダー（マルティ）、ホセフィーナ[18]（ミゲル・ケサダ）、魔女の女中[19]（バネガス＝アロヨ工房）だ。それぞれが、この問題にどのように対処しているのかが興味深い。

マルティの描くピエダーは八歳の女の子で、彼女を溺愛し、彼女を喜ばせるためならいくら散財してもよいと思っている裕福な両親がいる。問題は、ピエダーは繊細な子供で、贅沢を愛することとは程遠く、むしろそれを敬遠しているということだ。彼女は、「取るに足らない」小さなものが大好きで、黒くてきたないボロ布の古人形をずっと大切にしている。両親は、悪い人たちではないが、娘のそんな愛情を理解できず、娘の誕生日に「絹と磁器で出来た」「青いおめめの」「お日さまみたいな髪の毛の」美しい人形を贈る[20]。

両親は、娘のピエダーには社会階級に見合った立派な人形が必要だと思ったのだろう。何度もキスしたせいで顔が汚れ、髪の毛を梳《す》きすぎてハゲてしまったようなきたない人形を背負った自分の子供を見られ、娘にもっとまともなおもちゃを買う気がないと人から思われることも恐れただろう。しかし、ピエダーは、彼女の両親が、なんとか彼女の人形から彼女を引き離したいと思っている熱意を理解しないし、あげくに、二度にわたって、そんな両親を「ひどい」とまで酷評してしまう。

彼女は一人で人形に話しかけている時に、一度目は「悪いママよね、あたしがキスをしすぎてお前はとてもみっともなくなっちゃった（…）からって言って、お前を連れて行かせてくださらないなんて！」[21]、二度目は、「［パパもママも］悪い人たちね。（私の誕生日のお祝いに）お前をここに独りぼっちにしておくなんて」[22]というふうにだ。

そして、ピエダーは人形を慰める。「おいで、お前は醜くなんてないわ、ううん、三つ編みは片方しかないけどね。醜いのはこの子よ、今日持ってこられたの、何も話しかけてくれない目をした人形よ」[23]。そして、ついに彼女は、自分の誕生日パーティーであるにもかかわらず、眠いからと言い訳をして部屋に戻り、人形に尋ねる。「泣かなかった？」「答えてちょうだい、あたしのことを思ってくれた？」[24]

このパーティーは、女中さんが、「祝祭日用のテリー・ベルベットのエプロンをして、お客様ある日に給仕をする時用の帽子をかぶって」[25]ベッドにココアを運んでくれたほど、彼女の両親によって細部に至るまで計画されたものだったが、彼女にとっては悪夢でしかなかった。お姫様のような扱いを嫌い、貧しい人々に対しても公平な少女なのだから、当然とも言える。むしろ、一日中親切にしてくれた召使たちに感謝するために、庭に走って花を摘み、「ピエダーはコックに赤ダリアを持っていって、エプロンの胸に挿してあげました。洗濯女にはカーネーションの冠を作ってあげました。お手伝いさんにはポケットにオレンジの花をいっぱい入れてあげ、髪には二枚の緑の葉のついた花を一輪、挿してあげました」[26]という行動を取る。

少女は両親を慕っているが、彼らの価値観を共有していない。両親は、ピエダーに、彼女に合わない生き方を押し付けようとするが、彼女は自分の人形を愛しており、その愛を手放そうともしない。ピエダーは「さあ、キスしてあげるわ、お休み前のキスを！（…）眠りましょう、二人抱き合って！愛してるわ、だって他の人は誰も、あなたを愛してあげないんだもの！」[27]と言って物語を締めくくる。親の無神経さにもかかわらず、弱者を守ろうとする富裕層の少女がそこにいるのだ。

一八七四年四月十二日付けのミゲル・ケサダの物語に登場する少女ホセフィーナも興味深い。こちらは、メキシコシティのある日曜日の公園で、馬に乗った無謀な男が全速力で公園を駆け抜け、小さな弟の手を引き、別の弟をおぶっていた物乞いの十二歳の少女を蹴り飛ばしたのを子供たちが目撃した時のことを物語っている。事故を目の当たりにした上流階級の子供たちの最初の反応は、凍りついて何もできないことだった。しかし、その中の一人である少女ホセフィーナが、怪我をした少女を助けに駆けつける。すると、友達の他の子供たちもそれに呼応して、一斉にその哀れな少女を助けようとする。公園で遊んでいたのは子供たちだけだった。不測の事態に備えて、かろうじて、そのうちの一人の運転手が車を停めている。面白いのは、そこにいる大人は彼しかいないのに、子供たちは運転手に助けを求めないことだ。特権階級に属する子供たちは、親がそうするであろうのと同じ権限で問題を解決しようとする。具体的には、別の少女マルガリータは、怪我をした子供たちを家に送ってやるために、「運転手に急ぐように命じる」のだ。

マルティの物語とは異なり、この物語の子供たちは、教師や両親からそういう教育を受けているので、無力な人たちに対して慈愛の心を持っているように描かれる。ホセフィーナは、「幼児がどれほど不潔かも考えずに」、「頭から流れ出た血でドレスを汚した」ことや、「幼児を包んでやり、彼女の上質な白いハンカチで傷口をきれいにした」ことが称賛される。彼女の物質的なものへの執着のなさが、しっかりとしたカトリック教育を反映したものであることは、ケサダ自身が明確に述べている[28]。

マルティとケサダの物語には、ここに違いがあると言える。前者は、親がしばしば物質至上主義的で、身分の違いといったことを子供たちに無自覚に、教えてしまうことが描かれ、後者では、逆に、子供の言動は学校や家庭教育の反映であり、調和のとれた人間社会を作るためには、キリスト教的な道徳を強化するべきであると考えているのだ。

この二人の著者の作品とバネガス＝アロヨ工房の物語を比較すると、バネガス＝アロヨ自身も読者層も庶民階級であるということによる顕著な違いを見つけることができる。「人形になりたくて」の子供たちは我儘だが、それは、両親に甘やかされているからではない。むしろ、親は厳しく、子供にアドバイスをしようとするが、子供たちが取り合わないのだ。彼らが心を入れ替えるためには、何か大きなことが起こらなければならない。

バネガス＝アロヨの物語に描かれる家族や内部事情は、中流階級や庶民層に属している。中流階級の子供たちは、彼らを正すためには折檻が必要なほど身勝手（で、口汚い）少年として見られている。男の子と女の子の違いはなく、どちらも親にとっては頭痛の種だ。親に叱られて応えないぐらいだから、使用人に叱られて応えるはずもない。そのため、そんな我儘な子供たちに一番困らされるのはメイドたちだ。それゆえに「人形になりたくて」で起こるように、呪術を使えるメイドに当たってしまった子供に罰が当たるという物語が読者に受けるわけだ[29]。

それぞれの著者が不公正という問題にどのようにアプローチしているのかは、興味をそそられる。マルティやケサダの物語では、貧しい人々に公平で合理的な態度を取るのは子供たちである。ただし、マルティは階級差そのものを否定的に描き、ケサダは階級差を肯定的なものとして描く。

一方、バネガス＝アロヨの物語では、金持ちをやり込め、公平で合理的な態度を取らせるのは貧しい人々の側である。マルティやケサダの物語の中の貧しい人々は受動的な存在だが、後者の物語の中の貧しい人々は、むしろ能動的で、こちらが主役なのである。

■文体からみる読者への目線

最後に、文体について、いくつかのポイントを追記したい。『児童郵便』は大人も子供も取り付きやすい平易な文章で書かれている。歴史を語る場合も同様だ。

ペルシャの敗北後、アテネ共和国のトップに残ったのは、テミストクレスとアリスティデスの二人でした。彼らは、共に市民の間で大きな影響力を持っていました。テミストクレスは国よりも快楽を愛し、ライバルの徳を妬み、彼を追放させました。高潔なアリスティデスは命令を実行しようとしていましたが、（…）30。

二十一世紀の読者である私たちにとっては、このような平易な文体の教材は当たり前のように思えるかもしれないが、メキシコでは必ずしもそうではなかった。『児童郵便』の書かれた一八七二年に先立つ一八四二年の雑誌『お嬢さんたちの姿（*Panorama de las señoritas*）』では、この時代には教育水準がさらに低く、しかも思春期の女の子を対象としていたにもかかわらず、用いられている文章ははるかに難解だ。たとえば、歴史を語る場合だとこのようになる。

カエサル家の妻たちの歴史（…）

何人かの学識ある男性が行っているように、アテネの女性の風習とローマの女性の風習を混同しないようにする必要があります。準東洋のギリシア人は、イオニアの影響を受け、女性に行動の自由をほとんど与えませんでした[31]。

構文はさほどでもないが、「準東洋」や「イオニアの影響」といった概念の複雑さは、明らかに読者のキャパシティをはるかに超えている。それなのに、編集者はそれに気づこうともしない。

それとは対照的にマルティは、彼の言いたいことを完全に理解してもらいたいという思いから、口語的で親しみやすい文体を使おうとしている。しかし、本人の想いに反して、文体があまりにも洗練され、文学的であるがために、結果的に読者には難解なものになってしまっていることがある。これは、科学的なことを扱っている場合に限らない。もっとも明確な例は、「黒いお人形」の物語に登場する少女ピエダーの部屋の非常に長い描写に見ることができる。部屋は暗く、ピエダーの両親が入ってきて、子供が寝ているベッドにたどり着くまでに、いろいろなところで躓いてしまう。マルティの意図は、少女の暮らしの贅沢さを感じさせることだが、描写が児童文学にしては洗練されすぎている。その箇所を見てみよう。

けれども、部屋とそのご自慢のセットは、ベッドの横のナイトテーブルの上にあります。あちらの壁を背にした片隅は、陶土の人形の寝室で、お母さんのベッドには、花模様のベッドカバーが掛かり、その隣では、バラ色の服を着た人形が、赤い椅子に座っています。鏡台がベッドと揺りかごの間にあり、揺りかごには布切れでできた小さなお人形が、鼻先まで布団をかぶり、蚊帳の下で寝ています。鏡台は栗色の厚紙の小箱と、貧しい女の人が二つを一センターボで売っている上等な鏡からできています。居間の前にはナイトテーブルが置かれ、居間の中には、脚が糸巻きの芯でできたテーブルが一つあります。真珠貝の上の方には、真ん中にメキシコの水売り人形たちが持ってきたメキシコの壷が置かれています。周りの折った紙切れは、本です。ピアノは木製で、鍵盤は絵の具で描かれています。

ピアノには、あまり見栄えのしないねじ込み式のスツールではなく、下側が青い布で裏張りされた指輪の箱で作った、背もたれ付きの椅子がついています。蓋は片側を、背もたれになるように縫いつけられ、バラ色の裏張りがされています。上にはレースが掛けてあります。お客さんも、もちろんやってきますが、本物の髪の毛を生やしていて、光沢加工された綿織りの白い身ごろのガウンを着、金色の靴を履いています。彼らは体を曲げずに、椅子の上に立つ形で席に着きます。そして一番年上の奥様は、金色の帽子をかぶってソファに座っていますが、滑り落ちないよう、足置きを使っています。この足置きは、日本のわらでできた小箱を伏せたものです。白い揺り椅子には一緒に、ぴんと強ばった腕をした、陶土の二人兄弟が座っています。この部屋には一枚絵があって、倒れないよう、後ろに香水の小瓶が置かれています。赤い帽子をかぶった少女が、腕に子羊を抱いている絵です。ナイトテーブルの側のベッドの柱には、とあるかつての祭典を記念する、フランス製のリボンのついたブロンズのメダルがかかっています。大きな三色リボンの結び飾りで部屋を彩るこの大きなメダルには、とても美しい顔立ちのフランス男性の肖像が刻まれていますが、彼はフランスからこの土地に、人びとを自由にするために戦いにやってきたのです。反対側の肖像は避雷針を発明した人のもので、彼が海を渡ってヨーロッパ各国の王に、彼の故郷を自由にする手助けをしてくれるよう頼みに行った時の、おじいさんになってからの顔で刻まれています。これが部屋と、ピエダーの自慢のお部屋セットなのです。そして枕の上、彼女の腕に抱かれて眠っているのは、キスをし過ぎたので口の色あせた、黒いお人形です[32]。

描写は見事であり、筆者の読者への気遣いも理解できるが、子供にはこれを全部読むのは無理だ。つまり、物語は親のためのものになってしまっているのだ。ここで紹介されている三つの作品の中で、マルティのものがもっとも難解なものであることは間違いない。一方、バネガス＝アロヨ工房のものは、より子供向けの言葉で自分の言いたいことを表現することに長けている。別の物語「マラマキスの猫」の中で、筆者はわずか数行で、猫の部屋の豪華さを、非常にシンプルでありながら具体的に説明する。違いを際立たせるために見てみよう。

［この猫の生活は］うらやましいものでした、猫のために用意されていた特別な部屋があり（…）心地よいベッド、湯呑み、ダイニングテーブル、机、高級な香水、タンス、そして気になるたくさんの小さなおもちゃ。これらはすべてミニチュアでした。猫の食べる料理もまたミニチュアでした。彼の食事は豊かで、栄養満点で、すみやかで清潔なものでした。つまり、猫のご主人は、この猫のために、それだけの心配りをしていたのです。それ

をちょっとでもばかにするような使用人は、すぐに追い出されました[33]。

バネガス＝アロヨの子供たちに語りかける巧みさは明らかだ。

児童文学という分野が確立されたのは、けっして古くはない。十九世紀という、産業革命のもと、出版文化が花開いた時代に、作家たちが子供を読者として様々な読み物を作ったことは興味深い。

中流階級の子供向けの教育的な色彩の強いケサダの『児童郵便』、同じく中上流階級の子供向けに啓蒙的・文学的な雑誌を発行したマルティらの試みは、まさに当時の時代背景を彷彿とさせる。その一方で、いわゆる教育や啓蒙といった目線ではなく、あくまで庶民の子供の目線で、彼らを楽しませる読み物を発行し続けたバネガス＝アロヨの作品群は、もっと評価されても良いだろう。

そしてまた、髑髏ばかりが話題になりがちではあるが、実際には、ポサダの作品の多くは、児童向けの読み物に向けられたものであることも、記憶に留めていただけると幸いである。

参考文献

Bonilla Reyna, Helia Emma, *Manuel Manilla: protagonista de los cambios en el grabado decimonónico*, Consejo Nacional para la Cultura y las Artes, México, 2000.

Brenner, Anita, *Ídolo tras los altares*, Editorial Domes, México, 1929.

García Cubas, Antonio, *El libro de mis recuerdos*, Editorial Porrúa, México, 1986.

長谷川ニナ「C・S・スアレスの作品に見られる植民以前のメキシコの文化的要素『人形になりたくて(*Por querer ser muñeco*)』の場合」『ラテンアメリカ研究年報18号』日本ラテンアメリカ学会（東京）一九九八年、105－125頁。

<http://www.ajel-jalas.jp/nenpou/back_number/nenpou018/pdf/hasegawa1998.pdf>［最終閲覧日 May 16, 2023］

Hasegawa, Nina, "Imagen del niño y la niña ideales en la publicación infantil mexicana: *El Correo de los niños* (1872-1879)", *Bulletin of the Faculty of Foreign Studies, Sophia University*, No.40, Mar 2006, pp. 77-98.

Hasegawa, Nina, "*El Panorama de las señoritas* (Imp. Vicente García Torres, México, 1842): Algunas consideraciones en torno al contenido de este semanario", *Bulletin of the Faculty of Foreign Studies, Sophia University*, No. 41, Mar 2007, pp. 181-192.

Hasegawa, Nina, "Tres estilos diferentes de acercarse a la infancia del siglo XIX: los impresos de José Martí, Miguel de Quezada y Antonio Vanegas Arroyo", *Bulletin of the Faculty of Foreign Studies, Sophia University*, No.47, Feb 2013, pp. 173-194.

Martí, José, *Ismaelillo. La Edad de Oro. Versos Sencillos*, Editorial Porrúa, México, 2006.

マルティ、ホセ「〈第三章〉アメリカの子供たちに―『黄金時代』」（柳原孝敦・花方寿行訳）、『ホセ・マルティ選集〈1〉交響する文学』（牛島信明［ほか］訳）日本経済評論社（東京）一九九八年、131－263頁。

Quezada, Miguel (ed.), *El Correo de los niños*, Imprenta en la calle de Tiburcio a cargo de Tomás Vázquez, México, Nov 5, 1873. (Hemeroteca Nacional de México Microfilm)

Quezada, Miguel (ed.), *El Correo de los niños*, Tipografía de Isidoro Epstein callejón de Betlemitas 8, Ene 25, 1874. (Hemeroteca Nacional de México Microfilm)

Suárez de la Torre, Laura (coord.), *Constructores de un cambio cultural: impresores-editores y libreros en la ciudad de México 1830-1855*, Instituto Mora, México, 2003.

Vanegas Arroyo, Imprenta de A., “De la subida más alta, la caída más lastimosa o el Gato Marramaquiz firmado por Armando Molina”, México.

【注】

1　Suárez de la Torre (coord.) 参照。

2　この数字は、筆者の研究によって明らかになった。

3　一九九二年、筆者はバネガス＝アロヨ工房創業者の孫であるアルサシオ・バネガス＝アロヨ氏にインタビューを行い、その内容を「ポサダと版元バネガス＝アロヨ社」という日本語の論文にまとめた。その際、アルサシオ氏は、署名のない物語は自分の祖父の執筆であると語った。

4　バネガス＝アロヨが出版した物語の中には、C・S・スアレスのサインが入ったものがいくつかある。これらの作品では、メキシコ古来の呪術的なものについて語られるという特殊性を持っている。これについては、拙稿「C・S・スアレスの作品に見られる植民以前のメキシコの文化的要素『人形になりたくて（Por querer ser muñeco）』の場合」を参照。

5　Martí, p. 22.

6　マルティ、133頁。

7　同右、134頁。

8　なかでも、アントニオ・ガルシア＝クバスは、著作191頁の中で、呪術的な物語について「教訓話を通じて、のさばっているデマ」と批判している。

9　マルティ、134頁。

10　同右、同頁。

11　同右、同頁。

12　Hasegawa, 2006, p.78.

13　マルティ、135頁。

14　同右、同頁。

15　Hasegawa, 2006, pp. 82-84.

16　「シンコ・デ・マヨ（五月五日。メキシコではプエブラの会戦の記念日）」と題された愛国的な物語などでは、女性が父親や夫の決定に従う姿が見られるが、一般的には、バネガス＝アロヨの活字は、女性を劣等者として描いてはいないが、将来の科学者としても見ていない。バネガス＝アロヨの妻についてはほとんど知られていないが、アニータ・ブレンナーが『Ídolos tras los altares』211頁に残した証言から、彼の死後、「創業者の未亡人は、印刷所に通っていた」ことがわかっている。
17　マルティ、135頁。
18　この登場人物については、「メキシコにおける子供の理想像―児童向け週刊誌“El Correo de los niños”(1872-1879)を通して」という論文で詳しく取り上げている。
19　この登場人物については、「C・S・スアレスの作品に見られる植民以前のメキシコの文化的要素『人形になりたくて（Por querer ser muñeco)』の場合」という論文で詳しく取り上げている。
20　マルティ、246頁。
21　同右、245頁。
22　同右、249頁。
23　同右、同頁。
24　同右、同頁。
25　同右、同頁。
26　同右、247頁。
27　同右、249頁。
28　Hasegawa, 2006, p. 90.
29　拙稿「C・S・スアレスの作品に見られる植民以前のメキシコの文化的要素『人形になりたくて（Por querer ser muñeco)』の場合」を参照。
30　一八七三年六月七日付『児童郵便』、37頁。

31 Hasegawa, 2006, p. 166.
32 マルティ、242−244頁。
33 バネガス＝アロヨ工房の作品は作者不詳のものが多いが、本作品はめずらしく著者Molinaの署名がある。

あとがき

本書は上智大学外国語学部の紀要に、バネガス＝アロヨ工房と十九世紀メキシコの印刷文化について、二〇一二年から二〇二一年にかけてスペイン語で記してきた論文をまとめたものです。

一九七八年、私は国費留学生として来日し、東京外国語大学で日本学を学びました。その頃の私を捉えていたのは落語です。毎月三、四回、どこかの寄席に行き、家に帰ると落語に関する書籍を読みあさっていたものでした。私は語りの大衆文化を通じて日本語を学んだと言えるでしょう。卒業論文では話芸を選び、学位取得後はメキシコと日本の架け橋になりたいという想いから、比較文学・比較文化を学ぶことにしました。とはいえ、文化を深く知るのは容易なことではありません。それが、私の人生そのものとなったと言ってよいと思います。

私がバネガス＝アロヨ工房の研究をするようになったのは、大学院生時代に日本の黄表紙本と出会ったことがきっかけでした。黄表紙とは、江戸時代後半の大衆向けの挿絵を主とする読み物で、その挿絵を北尾政美、歌川豊国といった多くの浮世絵師が手がけていたものですが、今まで、こうしたスタイルの挿絵入り読み物を知らなかった私にとって新鮮な驚きでした。そしてさらに驚いたのは、日本ではそうした江戸時代の大衆向け印刷物についての本格的な研究がなされていることでした。

一方、当時のメキシコでは、印刷物全般、特に大衆向け印刷物の研究など事実上、存在しないに等しいものでした。私がメキシコの大衆向け印刷物の研究に力を入れたいと思ったのは、このギャップを感じた時でした。

時代は少し下りますが、メキシコにおいて日本の黄表紙に少しでも近いものと言えば、ホセ・グァダルーペ・ポサダの挿画を載せた一連の出版物がすぐに思い浮かびます。そして、その版元であるバネガス＝アロヨ工房の出版物が当然、気になります。

そこで、私はバネガス＝アロヨ工房の出版したオハについて調べるべく、ポサダ関連の書籍を集め始めました。が、その大半はポサダの図版を並べ、美術的に紹介、解説するだけで、工房の出版物そのものについて研究したとは言いがたいものでした。ポサダの図版はもともと芸術作品として単独で存在していたわけではなく、常に大衆印刷物の挿絵として描かれたものです。ところが、それらの書籍ではポサダの図版を重視するあまり、本来、主役であったはずのテキストについてはほとんど触れられていなかったのです。

そうなると好奇心が掻き立てられます。このようなポサダの図版は、いったいどのようなテキストのために作られたのでしょうか？

そこで、図版の載っていた印刷物の実物を、直接手に取って見てみたいと思うようになりました。一九八九年に帰国した際、バネガス＝アロヨの孫のアルサシオ氏に会う機会に恵まれ、彼から資料を提供してもらうことができました。また、名古屋市美術館にポサダのオハや小冊子などの大量のコレクションがあることを知り、そちらの資料をお借りして研究を進めることができました。以後もメキシコに行くたびに、メキシコの国会図書館に当たるArchivo General de la Naciónなどで入手した資料をもとに、一連の論文をまとめていくことができたのです。


今回、書籍として一冊にまとめるにあたって、改めて掘り下げてみたくなった部分や、私の中で曖昧であった部分などについて、いろいろとご教示いただいた、ポサダ研究家のメルクリオ・ロペス＝カシージャス氏には、この場を借りて、深く御礼を申し上げたく思います。

本書で数多く引用したポサダの作品を提供してくださった名古屋市美術館、メキシコ国立自治大学イベロアメリカ大衆印刷物ラボ（ＬＡＣＩＰＩ）、サン・ルイス・ポトシ大学院大学のラファエル・モンテハノ・イ・アギニャガ図書館、ポサダ研究家のラファエル・バラハス氏、アグアスカリエンテス自治大学教授ヘスス・ゴメス＝セラノ氏、モラ研究所教授ファウスタ・ガントゥス氏、パブロ・メンデス氏に、深い感謝の意を表したいと思います。

また、アントニオ・バネガス＝アロヨの曾孫であるイネス・セデーニョ＝バネガス氏には、アントニオ氏の貴重な写真を提供していただき、ＬＡＣＩＰＩ所長でバネガス＝アロヨ印刷工房研究会会員のマリアナ・マセラ氏、サン・ルイス大学院大学教授ダニラ・ロペス氏と、同氏の研究会のメンバー、グレシア・モンロイ氏、フェルナンダ・バスケス氏、在日本メキシコ大使館バレリア・ソリス文化担当官にもご協力を頂くなど、多くの方々のお支えのおかげで、本書を出版できる運びとなりました。

また、この本の翻訳と編集は、八木啓代さんにお世話になりました。私が上智大学に奉職して以来の付き合いです。彼女はメキシコと日本に拠点を持つ作家であると同時に音楽家でありますが、なんと、彼女がアルサシオ氏の親しい友人であることがわかったのは驚きでした。それがきっかけで、私たちは長年の友人になりました。

彼女は私の論文を批評し、必要な時に翻訳をサポートしてくれました。本書を出版することになった時、私は迷わず彼女のサポートをお願いしました。日本語とスペイン語は、言語の点でも文化の面でもかけ離れています。まして、バネガス＝アロヨのテキストの軽妙なリズムを尊重しながら、それをわかりやすく翻訳することは簡単ではなく、ラテンアメリカの歴史や文化に精通し、とりわけメキシコの音楽や詩に造詣の深い八木さんでなければと思ったからです。

大衆文化という刺激的なテーマと、正確でありつつ軽妙な翻訳が読者を惹きつけることを期待しています。また、本書によって、多くの人が認知している「ハロウィンの骸骨」というだけではない、様々なポサダの作品やその背景を知り、また、若いラテンアメリカ研究者の方々が、イベロアメリカの大衆印刷文化に興味を持っていただければと願っています。幸いにも、この分野は、私の若い頃よりもずっと簡単に資料にアクセスできるようになっている一方で、膨大な資料を掘り進む楽しみもまた大きなものとなっているからです。

最後になりましたが、本書の出版に際して、上智大学出版事務局と株式会社ぎょうせいの皆様にも感謝の意を表します。

二〇二三年九月

長谷川　ニナ

編訳者あとがき

私が、アルサシオ・バネガス＝アロヨ氏に初めて逢ったのは、一九八〇年代のことになる。詩人である友人に連れられて出かけた闘牛場で紹介され、そのあと、屋台でタコスをご馳走になった。そのタコスの唐辛子の辛さに鼻水をたらしていた私に、アルサシオ氏はにやにや笑いながら、こう言ったものだった。「フィデルやラウルも、こうやって闘牛を見たあとで、一緒にタコスを食べたものさ」

その「フィデル」と「ラウル」が、かのキューバ革命の英雄であるカストロ兄弟のことであると知った驚きはいかばかりであったか。

その後、私は何度か、アルサシオ氏の工房に遊びに行き、若い頃にキューバ革命に関わった彼と彼の工房の数奇な運命の物語や、彼の伝説的な祖父で工房創設者アントニオ氏のエピソードといった興味深い話を聞かせていただき、また、「ラ・クカラチャ」、「シエリート・リンド」といった現在広く知られているメキシコの大衆歌謡の十九世紀の原型の姿も知る機会を得ることになる。

ただ、それらの断片的な知識は、その後、長谷川ニナさんと出会うことがなければ、私の個人的な記憶の中だけに閉ざされてしまっていたことだろう。

友人の編集者の紹介で知り合ったニナさんは、メキシコ人でありながら、日本と日本文化をこよなく愛する人だった。何より驚いたのは、彼女の主要な研究テーマが、ホセ・グァダルーペ・ポサダ、それも、アート作品としての版画そのものというよりも、その背景にある当時の生活風俗や、彼の版画をプロデュースしたバネガス＝アロヨ工房について、飽くなき探究心を持っていることだった。こうして、アントニオの孫、アルサシオ氏を通じて、私たちは友人となったのである。

彼女が書き溜めてきた論文をまとめて一冊の本にする、という計画が持ち上がった時、私は、喜んで協力させていただくことにした。有名なポサダの髑髏娘カトリーナの版画は、日本でも一部で知られるようになってきていたが、その背後にある、ハロウィンとは断じて同じではないメキシコの死者の日の文化や、バネガス＝アロヨ工房の物語について、広く知られることは、とても重要なことだと思ったからだ。

とはいえ、これらのバネガス＝アロヨ工房のオハの文章は、スペイン語のリズミックな韻文、かつ、当時のメキシコ独特の表現を多用して書かれたものが大半で、そのリズム感と生活感が命でもある。そこをできる限り尊重して翻訳するのは、ちょっとした挑戦だった。どれだけできたかはわからないが、少しでも、ユーモアにあふれ、軽快で語呂の良い、オリジナルの名調子を感じていただけたら幸いである。

二〇二三年九月

八木　啓代

図版一覧

※本書掲載にあたり、本来の画像をモノクロに変換し、また、劣化などによって判別困難になっている箇所には、オリジナルを尊重しつつ、デジタル処理を行ったほか、必要に応じて、拡大やトリミングを行っている。

◆第１章 ……………………………………………………………………

図1　José Guadalupe Posada, *El Jicote* 1, Jun 11, 1871.（Jesús Gómez Serrano, *José Guadalupe Posada: testigo y crítico de su tiempo 1866-1876*, UAA/SEP, Aguascalientes, 1995より）

図2　José Guadalupe Posada, *El Jicote* 2, Jun 18, 1871.（同上より）

図3　José Guadalupe Posada, *El Jicote* 3, Jun 25, 1871.（同上より）

図4　José Guadalupe Posada, *El Jicote* 4 Jul 2, 1871.（同上より）

図5　José Guadalupe Posada, *El Jicote* 5, Jul 9, 1871.（同上より）

図6　José Guadalupe Posada, *El Jicote* 6, Jul 16, 1871.（同上より）

図7　José Guadalupe Posada, *El Jicote* 7, Jul 23, 1871.（同上より）

図8　José Guadalupe Posada, *El Jicote* 8, Jul 30, 1871.（同上より）

図9　José Guadalupe Posada, *El Jicote* 10, Ago 14, 1871.（同上より）

図10　José Guadalupe Posada, *El Jicote* 11, Ago 27, 1871.（同上より）

図11　Leopoldo Méndez, “Homenaje a Posada”, 1953.（Museo Nacional de la Estampa, INBAL蔵）

図12　José Guadalupe Posada, “El motín de los estudiantes”, *La Gaceta Callejera*, May 1892, Imprenta Antonio Vanegas Arroyo.（UHM Library, Jean Charlot蔵）

図13　José Guadalupe Posada, “Un matrimonio desafortunado”, *El Diablito Bromista*, Nov 26, 1905.（UT Austin, Nettie Lee Benson Latin American Collection蔵）

写真1　ポサダと息子のフアン、レオンで撮影されたと思われるもの（Jesús Gómez Serrano蔵）

写真2　メキシコシティの自分の工房の前にたたずむポサダ（右）（Jesús Gómez Serrano蔵）

◆第２章 ……………………………………………………………………

写真1　アントニオ・バネガス＝アロヨ（Inés Cedeño Vanegas蔵）

図1　Manuel Manilla, “Linterna mágica”, *La Casera*, Jul 9, 1893.（Rafael Barajas Durán蔵）

◆第3章 ……………………………………………………………

図1　José Guadalupe Posada, “Remate de calaveras alegres y sandungueras, las que hoy son empolvadas calaveras, las que pararán en deformes calaveras”, Imprenta Antonio Vanegas Arroyo, 1913.（Rafael Barajas Durán蔵）

図2　Diego Rivera, “Sueño de una tarde dominical en la Alameda Central”（Museo Mural Diego Rivera蔵）

図3　José Guadalupe Posada, “La calavera de los fifís”, Testamentaría de A. Vanegas Arroyo, 1918.【LCFifis.djvu】（LACIPI, Chávez-Cedeño蔵）

図4　José Guadalupe Posada, “Portada de Día de Muertos”, *La Patria Ilustrada*, Nov 5, 1888.（Rafael Barajas Durán蔵）

図5　José Guadalupe Posada, “Portada de Día de Muertos”, *La Patria Ilustrada*, Nov 4, 1889.（Rafael Barajas Durán蔵）

図6　Manuel Manilla, “Calavera del drenaje”, Imprenta de Antonio Vanegas Arroyo.（八木啓代蔵）

図7　José Guadalupe Posada, “Rebumbio de calaveras de catrines y borrachos, de viejos y muchachos de gatos y garbanceras”, Testamentaría de A. Vanegas Arroyo, 1918.【CSL-RDGarbancerasA.tiff】（COLSAN, Biblioteca Rafael Montejano y Aguiñaga, Fondo Vanegas Arroyo y Posada蔵）

図8　José Guadalupe Posada, “Calavera de Francisco I. Madero”, Imprenta de Antonio Vanegas Arroyo, 1912.（名古屋市美術館蔵）

図9　Manuel Manilla, “La calavera aviadora”, Testamentaría de A. Vanegas Arroyo, 1918.【AEAviadora.djvu】（LACIPI, Chávez-Cedeño蔵）

図10　Manuel Manilla, “La calavera del Ayuntamiento”, Testamentaría de A. Vanegas Arroyo（名古屋市美術館蔵）

図11　作者不明 “Ya está aquí la calavera que armando mitote y bola ha asustado donde quiera la de la influenza española”,

Testamentaría de A. Vanegas Arroyo, 1918.（Biblioteca Nacional de México蔵）
図12 José Guadalupe Posada, "Gran baile de calaveras", Imprenta de Antonio Vanegas Arroyo.（八木啓代蔵）
図13 José Guadalupe Posada, "Un calaverón enteco soñaba en noche fatal lo que pudo comprobar que ya no hay estado seco", Testamentaría de A. Vanegas Arroyo（名古屋市美術館蔵）
図14 Manuel Manilla, "Cabrera y Zapata se volvieron calaveras", Imprenta de Antonio Vanegas Arroyo, 1911.【CYCalaveras A.djvu】（LACIPI, Chávez-Cedeño蔵）

◆第4章 ……………………………………………………………

図1 作者不明 "Las Luces de los Ángeles: coro de gendarmes", Imprenta de Antonio Vanegas Arroyo（名古屋市美術館蔵）
図2 José Guadalupe Posada, "El Cancionero Popular. La vida de un soldado", Imprenta de Antonio Vanegas Arroyo（名古屋市美術館蔵）
図3 José Guadalupe Posada, "Loa a Nuestro Padre Jesús de las Tres Caídas", Imprenta de Antonio Vanegas Arroyo（名古屋市美術館蔵）
図4 José Guadalupe Posada, "Tristísimas lamentaciones de un enganchado para el Valle Nacional", Imprenta de Antonio Vanegas Arroyo（名古屋市美術館蔵）
図5 José Guadalupe Posada, "Loa en honor de la Santísima Virgen de la Soledad", Imprenta de Antonio Vanegas Arroyo（名古屋市美術館蔵）
図6 José Guadalupe Posada, "Loa dicha por un petatero y una tortillera en honor del Señor de las Maravillas", Imprenta de Antonio Vanegas Arroyo, 1904.【LDMaravillas.djvu】（LACIPI, Chávez-Cedeño蔵）
図7 Manuel Manilla, "Loa de un indio pollero quien la dedica a la maravillosa aparición de María Santísima de Guadalupe", Imprenta de Antonio Vanegas Arroyo【LDGuadalupe

D.djvu】（LACIPI, Chávez-Cedeño蔵）

図8　Manuel Manilla, “Loa dicha por un remendón de zapatos en honor del arcángel Señor San Miguel”, Imprenta de Antonio Vanegas Arroyo【FTx.703】（AGN, Felipe Teixidor蔵）

図9　Manuel Manilla, “Loa dicha por una cocinera y un aguador en honor de Nuestra Señora del Rosario”, Imprenta de Antonio Vanegas Arroyo【LDRosario B.djvu】（LACIPI, Chávez-Cedeño蔵）

図10　José Guadalupe Posada, “Unas pláticas chistosas que cualquiera puede oír entre gatas remilgosas aburridas de servir”, Imprenta de Antonio Vanegas Arroyo（名古屋市美術館蔵）

図11　José Guadalupe Posada, “¡Trágica muerte de las pesetas! ¡Vida alegre de los veintes! Gran lucha de las monedas”, Imprenta de Antonio Vanegas Arroyo（名古屋市美術館蔵）

図12　José Guadalupe Posada, “La pobreza reinante”, Imprenta de Antonio Vanegas Arroyo, 1912.（名古屋市美術館蔵）

図13　José Guadalupe Posada, “Gran alarma escandalosa que se vio allá por Chihuahua, al oír los tristes lamentos de un patito con Teresa que no llena la barriga por causa de la pobreza”, Imprenta de Antonio Vanegas Arroyo（名古屋市美術館蔵）

◆第5章 ……………………………………………………………

図1　José Guadalupe Posada, “Tiernas súplicas con que invocan las jóvenes de 40 años al milagroso San Antonio de Padua pidiéndole su consuelo”, Imprenta de Antonio Vanegas Arroyo, 1911.（名古屋市美術館蔵）

図2　José Guadalupe Posada, “Pleito de casados que siempre están enojados”, Imprenta de Antonio Vanegas Arroyo, 1907.（名古屋市美術館蔵）

図3　Manuel Manilla, “Para conocer el mundo y a los hombres fementidos tuve que llegar a ser mujer de cien maridos”, Imprenta de Antonio Vanegas Arroyo【R1161-IS】（BNM, Fondo Reservado蔵）

図4　José Guadalupe Posada, "La mujer de cien maridos como alfileres prendidos", Imprenta de Antonio Vanegas Arroyo, 1911.（名古屋市美術館蔵）
図5　Manuel Manilla, "Para que no haya camorra ahí les mando esa cotorra", Imprenta de Antonio Vanegas Arroyo【1162-IS】（BNM, Fondo Reservado蔵）
図6　José Guadalupe Posada, "En la cocina", Testamentaría de A. Vanegas Arroyo（名古屋市美術館蔵）
図7　José Guadalupe Posada, "La casa de vecindad", Testamentaría de A. Vanegas Arroyo【CSL-LCVecindad】（COLSAN, Biblioteca Rafael Montejano y Aguiñaga, Fondo Vanegas Arroyo y Posada蔵）
図8　José Guadalupe Posada, "Canción de los fantasmas de Loreto", Imprenta de Antonio Vanegas Arroyo（名古屋市美術館蔵）
図9　José Guadalupe Posada, "Repelito de catrines que les gusta enamorar", Imprenta de Antonio Vanegas Arroyo（名古屋市美術館蔵）
図10　José Guadalupe Posada, "Los gendarmes", Imprenta de Antonio Vanegas Arroyo（名古屋市美術館蔵）
図11　José Guadalupe Posada, "Calaveras de coyotes y meseras", Testamentaría de A. Vanegas Arroyo, 1919.(名古屋市美術館蔵)
図12　José Guadalupe Posada, "La calavera del Tenorio de la Colonia de la Bolsa", Imprenta de Antonio Vanegas Arroyo, 1913.（名古屋市美術館蔵）

◆第6章

図1　Constatino Escalante, "El Supremo Gobierno, después de rapar a la Iglesia hasta las pestañas, sin fruto alguno, pasa a ejercitarse con la pobre cabellera del pueblo", *La Orquesta*, May 8, 1861.（Rafael Barajas Durán蔵）
図2　Santiago Hernández, "Una reconciliación", *La Orquesta*, Sep 2, 1871.（Rafael Barajas Durán蔵）
図3　Gaitán, "¡Conciudadanos! ¡La República está en completa

paz!", *Don Quixote*, May 18, 1877.（Fausta Gantús Inurreta蔵）

図4　Figaro, "Los náufragos", *El Hijo del Ahuizote*, Ago 23, 1885.（Fausta Gantús Inurreta蔵）

図5　José Guadalupe Posada, "El consultorio médico", Imprenta de Antonio Vanegas Arroyo（名古屋市美術館蔵）

図6　Manuel Manilla, "El juzgado de paz", Imprenta de Antonio Vanegas Arroyo【EJPaz.djvu】（LACIPI, Chávez-Cedeño蔵）

図7　Manuel Manilla, "Perico el Incorregible", Imprenta de Antonio Vanegas Arroyo【CSL-PEIncorregible.tiff】（COLSAN, Biblioteca Rafael Montejano y Aguiñaga, Fondo Vanegas Arroyo y Posada蔵）

◆第7章 ……………………………………………………………

図1　Manuel Manilla, "El doctor improvisado（portada）", Imprenta de Antonio Vanegas Arroyo（Mercurio López Casillas蔵）

図2　José Guadalupe Posada, "El doctor improvisado（portada）", Imprenta de Antonio Vanegas Arroyo【M1238 Box 1, Folder 5】（The Department of Special Collections, Stanford University Libraries蔵）

図3　Manuel Manilla, "El doctor improvisado", Imprenta de Antonio Vanegas Arroyo【M1238 Box 1, Folder 5】（The Department of Special Collections, Stanford University Libraries蔵）

図4　Manuel Manilla, "El doctor improvisado", Imprenta de Antonio Vanegas Arroyo【M1238 Box 1, Folder 5】（The Department of Special Collections, Stanford University Libraries蔵）

図5　José Guadalupe Posada, "El doctor improvisado", Imprenta de Antonio Vanegas Arroyo【M1238 Box 1, Folder 5】（The Department of Special Collections, Stanford University Libraries蔵）

略称一覧

AGN	Archivo General de la Nación（メキシコ国会図書館）
BNM	Biblioteca Nacional de México（メキシコ国立図書館）
COLSAN	El Colegio de San Luis（サン・ルイス大学院大学）
DGCP	Dirección General de Culturas Populares（メキシコ文化省大衆文化局）
INSTITUTO MORA	Instituto de Investigaciones Dr. José María Luis Mora（ホセ・マリア・ルイス・モラ研究所）
INBAL	Instituto Nacional de Bellas Artes y Literatura（メキシコ国立芸術院）
LACIPI	Laboratorio de Culturas e Impresos Populares Iberoamericanos（イベロアメリカ大衆印刷物ラボ）
MUNAE	Museo Nacional de la Estampa（国立版画美術館）
SEP	Secretaría de Educación Pública（メキシコ文部省）
SUP	Sophia University Press（上智大学出版局）
UAA	Universidad Autónoma de Aguascalientes（アグアスカリエンテス自治大学）
UAM	Universidad Autónoma Metropolitana（メトロポリタン自治大学）
UH	Manoa University of Hawaii at Manoa（ハワイ大学マノア校）
UNAM	Universidad Nacional Autónoma de México（メキシコ国立自治大学）
UT	Austin University of Texas at Austin（テキサス大学オースティン校）

【著者】長谷川ニナ（Nina Hasegawa）
1957年メキシコシティ生まれ。1978年来日。東京外国語大学特設日本語学科卒業。東京大学大学院比較文学比較文化修士課程修了、博士課程満期終了。現在、上智大学外国語学部教授。主な論文、共著、翻訳に「一茶の句における日本の家」（『比較文学研究』第52号、1987年、東大比較文学会）、「メキシコの先住民の笑いについての一考察」（『笑いと創造』第2集、2000年、勉誠出版）、『暁斎画談』スペイン語訳（河鍋暁斎記念美術館、2019年）他。

【編訳者】八木啓代（Nobuyo Yagi）
京都外国語大学スペイン語学科卒。音楽家・作家として、メキシコシティと東京を拠点に幅広く活動。メキシコPentagrama社から4枚のCDアルバムを発表の他、主な著書に『禁じられた歌』（晶文社）、『危険な歌』（幻冬舎）、『キューバ音楽』（青土社）、『ラテンに学ぶ幸せな生き方』（講談社）、『ラテンアメリカくいしんぼひとり旅』（光文社）、『リアルタイムメディアが動かす社会』（東京書籍）他多数。

ホセ・グァダルーペ・ポサダの時代
十九世紀メキシコ大衆印刷物と版元バネガス＝アロヨ工房

2023 年 9 月 28 日　第 1 版第 1 刷発行

著　者：長 谷 川　　ニ　　ナ
編訳者：八　　木　　啓　　代

発行者：アガスティン　サリ
発　行：Sophia University Press
上　智　大　学　出　版

〒 102-8554　東京都千代田区紀尾井町 7-1
URL：https://www.sophia.ac.jp/

制作・発売　㈱ぎょうせい

〒 136-8575　東京都江東区新木場 1-18-11
URL：https://gyosei.jp
フリーコール　0120-953-431

〈検印省略〉

印刷・製本　ぎょうせいデジタル㈱
ISBN978-4-324-11329-5
(5300335-00-000)
[略号：(上智) ポサダの時代]

Sophia University Press

上智大学は、その基本理念の一つとして、

「本学は、その特色を活かして、キリスト教とその文化を研究する機会を提供する。これと同時に、思想の多様性を認め、各種の思想の学問的研究を奨励する」と謳っている。

大学は、この学問的成果を学術書として発表する「独自の場」を保有することが望まれる。どのような学問的成果を世に発信しうるかは、その大学の学問的水準・評価と深く関わりを持つ。

上智大学は、(1) 高度な水準にある学術書、(2) キリスト教ヒューマニズムに関連する優れた作品、(3) 啓蒙的問題提起の書、(4) 学問研究への導入となる特色ある教科書等、個人の研究のみならず、共同の研究成果を刊行することによって、文化の創造に寄与し、大学の発展とその歴史に貢献する。

Sophia University Press

One of the fundamental ideals of Sophia University is "to embody the university's special characteristics by offering opportunities to study Christianity and Christian culture. At the same time, recognizing the diversity of thought, the university encourages academic research on a wide variety of world views."

The Sophia University Press was established to provide an independent base for the publication of scholarly research. The publications of our press are a guide to the level of research at Sophia, and one of the factors in the public evaluation of our activities.

Sophia University Press publishes books that (1) meet high academic standards; (2) are related to our university's founding spirit of Christian humanism; (3) are on important issues of interest to a broad general public; and (4) textbooks and introductions to the various academic disciplines. We publish works by individual scholars as well as the results of collaborative research projects that contribute to general cultural development and the advancement of the university.

El impreso popular en los tiempos de J. G. Posada y del impresor A. Vanegas Arroyo

published by
Sophia University Press

production & sales agency : GYOSEI Corporation,Tokyo

ISBN 978-4-324-11329-5
order : https://gyosei.jp